Pierre Thiry ne peut pas s'empêcher d'écrire.
Il est « écriveur » ou chercheur d'écrits comme on est chercheur d'or. Il anime régulièrement des ateliers d'écriture. Si vous souhaitez connaître son programme, participer à des séances ou monter un groupe, consultez son site internet. Il est l'auteur des romans « **Ramsès au pays des points-virgules** » (BoD 2009) et « **Le Mystère du pont Gustave-Flaubert** » BoD 2012), des contes pour enfants « **La Princesse Élodie de Zèbrazur et Augustin le chien qui faisait n'importe quoi** » (BoD 2017) (illustré par Samar & Hani Khzam), « **Isidore Tiperanole et les trois lapins de Montceau-les-Mines** » (BoD 2011) (illustré par Myriam Saci). Il a également écrit un premier recueil de sonnets: « **Sansonnets un cygne à l'envers** » (BoD 2015 élu « *coup de cœur indé des BookChroniqueurs* » en avril 2017). Il a publié le conte philosophique « **Plume rebelle** » dans le recueil de nouvelles « **Il était une plume...** » (2018) publié par l'association « Les Plumes Indépendantes ». Il travaille à plusieurs projets de publications. Il est titulaire d'un Master en Sciences Humaines et Sociales et d'une maîtrise en droit. Il s'est formé à l'animation d'ateliers d'écriture auprès du CICLOP (Centre Interculturel de Communication, Langues et Orientation Pédagogique – Paris). Il a été administrateur du Centre d'Art et d'Essai de Mont-Saint-Aignan, vendeur de disques, étudiant en droit, élève de violoncelle au conservatoire de Rouen, etc.
Suivez son actualité sur internet :

http://charles-hockolmess.e-monsite.com

https://pierrethiry.wordpress.com

https://www.facebook.com/PierreThiry.auteur/

Sansonnets aux sirènes s'arriment...
Cent sonnets oscillent, règne sa rime...
par
Pierre Thiry

Octobre 2018

« Je ne plaide pas ici notre jeunesse, je plaide la jeunesse, non pas celle que détermine l'âge de la chair, mais celle qui triomphe de la mort des habitudes. »
Emmanuel Mounier, *Plaidoyer pour l'enfance d'un siècle*

0 – Adresse au lecteur

Tu cours, tu n'as pas le temps, tout va de travers...
Cher.e ami.e prends ton temps et ne prends pas la fuite !
Viens flâner par ici, ce bouquin prend la suite
Du précédent *Sansonnets un cygne à l'envers* [1]

Ici les sansonnets aux sirènes s'arriment...
Pour s'élancer vers de nouvelles aventures,
Se balancer vers d'inédites ouvertures,
Là où ces cent sonnets oscillent, règne la rime...

Cent plus cent ça fait deux sansonnets ; cet ouvrage
Étant plus récent, moins élevé est leur âge...
Cette ébouriffante et téméraire jeunesse

Saura-t-elle, en son rythme éparpillé, te plaire ?
Les sansonnets sont des chanteurs très populaires,
Dans leurs refrains, leurs tournées d'enfer, les jeux naissent...

---

[1] Pierre Thiry, *Sansonnets un cygne à l'envers* Editions BoD 2015

1 – Ouverture

La sirène et quelques oiseaux
Tourbillonnaient dans le « O » vide
Un séjour inconnu d'Ovide[2]
Et des amateurs d'étourneaux.

« On tourne en rond dans cette hutte »
Dit la sirène alors qu'eau rage
En grommelant dans ses nuages,
Sans bouée et sans parachute.

Il ne faut pas lâcher nos rimes
Du haut exquis jusqu'aux abîmes
Là où Cerbère écrase en prose,

En aboyant, des mots atroces
Sur des rythmes de balais brosses. »
Ainsi rêvent-ils quand l'âpre ose...

---

2   Publius Ovidius Naso dit Ovide (né en 41 av. J.C.- mort en 18 ap. J.C.) poète romain. Il a écrit de nombreux poèmes érotiques considérés comme des « jeux littéraires » selon Le Petit-Robert, avant de rédiger, et publier (en 1 ap. J.C) un ouvrage, merveilleux, selon moi (mais pas que moi) : « _Les Métamorphoses_ » vaste poème mythologique en quinze livres comprenant près de douze mille vers...

2 - Le haut vide...

Habillés chics, de leurs... plumes de sansonnets
Allaient, deux dandys é...tourneaux, courir le monde.
Un voyage ailleurs, là... où le sublime abonde,
Telle était l'ambition des emplumés benêts.

Virevoltant allant... droit et puis à l'envers
Ils partirent à la... conquête des hauteurs.
Dans ce ciel qui semblait... être oeuvre d'un auteur,
Etonnés de n'y trou...ver point de martiens verts...

C'est tout triste, on préfè...rerait de la fiction,
Un peu de cinéma et d'imagination !
Ils grimpaient et les é...toiles se moquaient d'eux.

C'est sans réseau là-haut ! hurlait une comète...
Un grand cercle se pré-sentait aux hasardeux,
Il était vide il n'y... avait pas d'internet...[3]

---

3 Dans son « *Petit traité de poésie française* » au chapitre intitulé « *Mécanique du vers* » Théodore de Banville accorde une importance particulière à l'hémistiche (césure placée après la sixième syllabe dans un alexandrin). Nous avons tenu à respecter strictement ici la respiration de l'hémistiche. Tirets et points de suspension nous sont apparus comme les ressorts indispensables d'un vers moderne et bien huilé. Dans les sonnets qui suivront nous n'avons pas toujours respecté cette règle. En un siècle pressé on peut supprimer l'hémistiche.

3 - « O » vide

Deux étourneaux de gloire avide
Pour éviter les quolibets
S'en vont explorer l'alphabet
Ils s'envolent vers le haut vide.

Contournent un tas de consonnes :
« Geai gît K aile aime haine... » enfin
Surgit un infini sans fin :
« O », ce cerceau de l'humour vide...

Dans son centre ils tournent en rond,
Les deux présomptueux larrons.
Grand rien sans air et sans mots, vide.

Avec de grands battements d'ailes,
Ils explorent l'orbe voyelle,
Ils vont découvrir le « O » vide[4]...

---

4   Paul Claudel a écrit quelque part : « L'élément essentiel de la diction est la consonne. La voyelle est la matière, la consonne est la forme, la matrice du mot, et aussi l'engin propulseur dont la voyelle avec tout son charme n'est que le projectile. » (Lettre de Paul Claudel à Joseph Samson) cité in Joseph Samson, *Paul Claudel poète musicien,* éditions Milieu du monde, 1947.

4 – Les emplumés tourbillonnaient

Les emplumés tourbillonnaient
Dans l' « O » là haut tout en l'air, on
Tourne un tout petit peu en rond,
Se plaignaient les deux baronnets.

Les oiseaux noyés dans ce vide
Se raccrochaient à « L'Alphabet »,
Une barque ancrée dans la baie,
Célèbre embarcation d'Ovide.

Où va ce poète impavide,
Sur son fleuve en latin liquide,
Et qu'est-ce qui là haut résonne ?

En rythme ramait l'aviron
Des deux téméraires larrons,
Heurtant voyelles et consonnes.

5 – Alphabethème[5]

Les étourneaux embarqués par Ovide,
S'ennuyaient ferme en l'absurde matin.
Tentant en vain, sans trahir leur latin,
D'épeler d'autres lettres qu'un « **O** » vide.

Papillonnant dans leur rond de science,
Ils écrivaient leur encyclopédie,
Grand livre où tout ce qui a été dit,
Est répété avec art et patience,

Aligné dans un ordre alphabétique.
Se berçant d'alchimique poétique
Ramant dans « L'Alphabet » depuis l' « **A** » vide.

Dans l' **O** céans aspirant au grand air,
Traversant la **P**aix **Q**uêtant le grand « **R** »
Alors, ils se découvrent d'**OR** avides.

---

[5] Alphabethème est un néologisme créé par François Le Lionnais dans sa préface à _Algol_ (Editions de Minuit 1957). L'auteur de ce néologisme a précisé à propos de ce mot : « Mot nouveau, dont je ne comprends pas bien le sens, et qui vient de naître spontanément sous ma plume. » N'est-ce pas grâce à cette sagesse d'interprétation que le lexique de la langue française pourra efficacement s'enrichir ? Il n'est pas interdit d'émettre l'hypothèse qu'Ovide était déjà un créateur d'alphabethème 1956 ans avant la création du mot. Ce sonnet n'est qu'une nouvelle illustration de cette antique tradition.

6 – Inspiré par Ulysse (1)

Des plumes j'en ai plein grâce à mon chat : Ulysse.
Il m'en apporte tant que j'en ai à foison.
« Les plumes chatoient » miaule-t-il avec raison.
« Les plumes... chat... toi... » lui réponds-je avec malice.

Ulysse est le meilleur déplumeur du village.
Il épluche les oiseaux en toutes saisons.
Dans la forêt, dans les champs, même à la maison.
Il y a libéré plus d'un oiseau en cage.

Les plumes sans noms machinées par mon matou,
Dans l'encrier dans l'oreiller servent partout
À écrire, à rêver aux fables les plus fines.

Ulysse est ignorant des poètes latins
Mais sous sa griffe Ovide essaie chaque matin,
De métamorphoser mes rimes peu latines.[6]

---

6   Hommage à Homère, Ovide autant à Joachim du Bellay... Il n'est pas exclu que ce sonnet soit également inspiré par l'_Ulysse_ de James Joyce, mais aucune étude universitaire n'ayant été menée sur ce sujet à ce jour (2018) nous n'avons pas de preuve suffisante pour être totalement affirmatif. Les siècles futurs apporteront peut-être des éclaircissements à ce sujet.

7 - Les plumes d'Uysse (2)

Ulysse mon matou adore les ramages.
De toutes les couleurs: sombres jusqu'aux plus claires...
Grâce à lui ma collection de plumes prospère.
Il en glane sans cesse au cours de ses voyages.

Avec un sourire il m'apporte ses trouvailles.
Placide il clame: « les plumes chatoient tu sais! »
Je lui réplique: « les... plumes... chat... toi... tu sais... »
Grâce à mon chat, grâce à ses plumes, mon travail

Se trouve allégé: tous les jours ma page blanche
Combat la lourdeur pesant sur la plume franche,
Car l'alexandrin a des ailes qui l'élèvent...

Qui sait saisir la plume, et sait l'agripper, brise
Les remparts d'habitudes, les pesanteurs grises.
Apollon, grâce à ses plumes, naquit d'un rêve[7]...

---

[7] Je crois être le premier à hasarder dans un livre publié l'hypothèse que le célèbre Apollon ait pu naître des plumes d'Ulysse. Il s'agit d'une esquisse d'hypothèse poétique. Il conviendra aux personnes compétentes d'apporter la vérification scientifique d'une telle supposition. Certains lecteurs pourraient imaginer que le possessif accolé à « plumes » s'applique à Apollon (et non à Ulysse) et qu'Apollon pourrait naître de ses propres plumes. La question reste ouverte et ne saurait être close par étude unique, la divergence d'opinions (preuves et réfutations, examens complémentaires) est nécessaire à son exploration.

8 – Ulysse jongleur (3)

Homère ébahi en serait coi[8].
Ô jongleur de plumes sans pareil
Arrive ici jusqu'à ta corbeille
Emplir mes vers de n'importe quoi.

Ulysse le matou du bitume
Transforme le macadam en prose.
Assoupli, léger, son style âpre ose.
Rythmée, sa rime enfle sous ses plumes.

Dans la nuit, d'un jonglage, il allume
Un feu d'artifice qui s'enfume
Quand sa griffe aux sirènes s'arrime...

Ulysse jongleur en mouvement
Virtuose mime ses romans :
Mes sonnets oscillent, règne sa rime...

---

8 Homère, poète grec, né près de Smyrne en IX av J.C. (selon Hérodote) et mort dans l'île d'Ios. Créateur de l'*Iliade* et l'*Odyssée*, poèmes qu'il récitait devant un vaste public à travers toute la Grèce. On assure qu'il était aveugle ; il est donc peu probable qu'un chat jongleur ait pu le rendre muet. Cependant, ce qu'une rime apporte à la pensée ne doit jamais être négligé.

9 - Les ruses d'Ulysse

Ulysse matou rempli d'astuces...
Virtuose il jongle avec six clopes.
D'un geste il fait un miracle... (hop !)
Le jongleur de l'arrêt d'autobus.

Ulysse le matou du bitume
Transforme le macadam en cirque
Souvent il réussit des tirs que
L'on trouve rarement sous la plume

Des poètes chasseurs de sublime[9].
Ulysse mène un rien jusqu'aux cimes
Homère lui-même en serait coi.

Jonglages de clopes sans pareils
Venez ici jusqu'à ma corbeille
Emplir mes vers de n'importe quoi.

---

9 À chacun d'en établir le catalogue raisonné (ou subjectif). La liste n'en est pas close. Il existe aussi des poètes qui ne chassent pas le sublime.

10 - Apollon

Il était l'Apollon de la Gascogne
Plus d'une poule fondait pour sa trogne,
À lui, le Don Juan de la Dordogne,
Hidalgo Cupidon des coeurs qui cognent.

Si Apollon était son vrai prénom
Dans les cours on le surnommait Léon.
Il était l'empereur Napoléon
Des poulaillers... d'où ce digne surnom...

Ce séducteur au chant très homérique,
Grâce à son plumage aristocratique
Séduisait les foules gallinacées.

Et plus d'un poussin issu de ses oeuvres
Etait sous tous rapports un vrai chef-d'oeuvre.
Hélas... tous finirent en fricassée...[10]

---

[10] Les lecteurs de ma nouvelle *Plume rebelle* dans le recueil *Il était une plume* édité par l'association « Les plumes indépendantes » (Captieux 2018) comprendront la nécessité qu'il y avait à publier ces vers pour contribuer à l'avenir des études littéraires.

11 - Comédien traqueur

Il ouvrait l'oeil puis la bouche...
Il la refermait, mutique.
Las, muet comme une souche
Il brassait l'air électrique.

L'équilibre soupirant
Il se berçait sans comprendre
Devant le public vibrant
Ouvrant les yeux pour apprendre.

Il ouvrait la bouche et l'oeil
Avec l'air d'un groom d'accueil
À l'horizon la pieuvre :

Ivresse issue de la foule
En gloussant comme une poule
Danseuse burlesque à l'oeuvre[11]...

---

[11] J'ai publié ce sonnet car je n'ai jamais trouvé ni dans les œuvres de Constantin Stanislavski (*La formation de l'acteur, La construction du personnage*), ni dans celles d'Antonin Artaud (*Le Théâtre et son double*) une quelconque assimilation du public de théâtre à une « pieuvre » ou à une « danseuse burlesque à l'oeuvre ». Cette lacune méritait d'être comblée.

12 - Pieuvre traqueuse

Une gigantesque pieuvre
Terrible approchait de la foule
Elle gloussait comme une poule
Horrible et gigantesque à l'oeuvre...

Bougeant sa ventouse authentique,
Molle comme un rameau sans souche
Elle ouvrait l'oeil et puis la bouche...
Brassant l'océan atlantique.

La foule en gestes impuissants
Tremblait face au monstre puissant
Elle refluait sans comprendre

Devant l'animal avançant
Vers la plage en se balançant
Ouvrant grand son œil pour apprendre[12]...

---

12 Ce sonnet n'a rien à voir avec le précédent. Ici l'action se déroule sur une plage au bord de l'océan Atlantique alors que sur la page précédente les émotions décrites avaient pour lieu un théâtre.

13 - L'oeuvre à venir

Terrible, inachevée... une oeuvre...
Feuilles esquissées, en tas, en foule.
Elle glousse comme une poule
Une emplumée aux airs de pieuvre...

Agitant l'air océanique
À coups de silences farouches
Soufflante idiote sur sa souche
Elle caquète, mécanique.

La feuille attend en gémissant
L'écrivain au souffle puissant
Qui saura l'aider, la comprendre.

Sur la page blanche avançait
La plume agile sans lacets[13]
Funambule ivre de surprendre...

---

13 C'est essentiellement pour placer cette image audacieuse (propre à délasser ma plume) que j'ai rédigé ce sonnet qui, pour cette raison précise, avait toute sa place ici.

14 - Deux bateaux balourds

Ils étaient deux bateaux balourds
(Un des deux était un peu gros,
L'autre était rouillé, maigre et haut),
Echoués d'un trop plein d'amour…

Là-dessus planaient trois mouettes
L'une hurlait mal, l'autre hurlait mieux
L'une était coite, ivre, au milieu.
À terre assise une silhouette

Assortie aux nuages gris
C'était un petit vieillard gris
Tout engoncé dans sa vieillesse.

Les deux bateaux sous les zéphyrs
Toussotaient comme un vieux saphir
Sur un microsillon sans liesse.

15 - Epopée rapiécée

Alanguie, Calypso, la dame en chaise longue,
Ecoute les cyclopes géants rugissants
Stentors, ils s'époumonent comme des titans
Carnaval ferraillant, grotesque à danse oblongue...

L'aventurière[14] attend l'objectif atteignable :
L'épaisse forêt féroce ouvre ses abîmes,
Assignés par l'auteur au redresseur de crime
L'alouette [15]et les dieux l'invitent à leur table...

Sous sa tonnelle en rêvant la dame aux joues roses
Admiratrice du héros qui, peu morose,
Essaie d'imiter Pénélope et ses tissages.

Les dents d'Ulysse en claquant jouent aux castagnettes
Cette épopée rapiécée en douze vignettes
Ornera, baroque opéra, le paysage...

---

14 Le cliché de l'aventurière qui devrait, pour être intéressante, gesticuler dans tous les sens avec des gestes qui bien souvent la décoiffent ou dérangent l'agrément de sa toilette a été trop souvent utilisé dans les œuvres de fiction. Il est temps de renouveler le matériel romanesque avec des aventurières se reposant sur des chaises longues, tandis que les héros contribuent aux tâches ménagères avec enthousiasme et sans morosité.

15 Voir le sonnet n° 74 du présent recueil : *Déesse emplumée* .

16 - La pianiste des chiffres[16]

Dans un coin du salon cérémoniel
Je remarque une grande dame osseuse,
Musicienne hésitante et concasseuse,
Crispée sur son piano, un vieux Pleyel.

Elle tangue en tentant de déchiffrer
Un vieil air du grand Jean-Sébastien Bach,
Chaque note est masquée d'un nombre opaque,
Son clavier, d'un bout à l'autre est chiffré.

Chaque graffiti de sa partition,
Par une sibylline convention,
Est doublé par un chiffre sur l'ivoire.

La digne dame ignorant le solfège,
Ne respectant point du clavier de neige
La blancheur, l'a garni de chiffres noirs...

---

16 Souvenirs de lecture du roman de Jules Verne _Une ville flottante_ (1871)

17 - Les trois sirènes de l'hôtel

Je remarque trois sirènes joyeuses
En arrivant dans le hall de l'hôtel
De quel antique poème sont-elles
Extraites, de quelle mer merveilleuse ?

Je sens que mon cœur flanche sous l'attaque
De leur chant difficile à déchiffrer
Leur musique est certainement chiffrée...
Un vieil hymne de sirènes opaques.

Leurs regards brillent d'une trouble passion
Par une très bizarre convention,
Elles portent des bracelets d'ivoire...

Quels jeux jouent-elles, quel est leur manège ?
Sont-elles sirènes ou Blanche-Neige ?
Etrange hôtel en un ténébreux soir...

18 - Souvenirs de lecture

Posé sur le guéridon de l'hôtel
Je vois un livre à l'allure joyeuse
Pourquoi sa couverture évoque-t-elle
Tant d'émotions, d'impressions merveilleuses ?

Un pigeon porte un message chiffré,
Un traître cynique l'attrape et crac
Cet être atroce arrive à déchiffrer
Ce message secret au sens opaque.

Un Hongrois libre, animé de passions,
Doit subir une injuste détention.
Puis, du donjon, plonge en un gouffre noir...

Ce livre[17] est un vertigineux manège
Qu'on aime lire au chaud tandis qu'il neige
Pour de houleux voyages, chaque soir...

---

17 *Mathias Sandorf* de Jules Verne (1885). Dans ce roman qui est un pastiche du Comte de *Monte-Cristo* d'Alexandre Dumas, Jules Verne offre au lecteur une aventure pleine de rebondissements et de navigations qui lui font faire le tour de la Méditerranée.

19 - Recette

Recette du « poulet Maître d'hôtel » :
Tu verses l'huile d'olives joyeuses
Avec une ou deux cuisses et deux ailes
Tu saupoudres d'épices merveilleuses...

Tu épluches quelques petits oignons
Tu les places sous la viande épicée,
Dans de l'eau tu fais cuire un œuf mignon
Afin qu'il devienne dur juste assez.

Tu fais revenir dans l'huile d'olives
Les oignons, la volaille, à flamme vive,
A l'intérieur d'une cocotte en fonte.

Tu ajoutes quelques gouttes de vin,
L'oeuf en morceaux... Tu fais mijoter vingt
Minutes, selon ce que l'odeur conte[18]...

---
18 Le conte d'une odeur est la promesse d'un repas.

20 - Recette dérisoire

Pour préparer un fabuleux sonnet
Il suffit d'être un Tarzan sur sa liane
Bondir de l'arbre pour conquérir Diane,
Qui attend le rimeur sur son poney.

Diane a son poney, Tarzan a sa liane,
Diane a son arc et Tarzan sait frimer,
Cascadeur sur son arbre il sait rimer,
Fort en latin, pas du tout bonnet d'âne.

Avec son arc son carquois et ses flèches
Sur son poney qui traîne sa calèche,
Diane étudie Joachim Du Bellay.

Soudain de l'arbre, vif comme la flèche
Surgit Tarzan direct dans la calèche :
« Hep Cochère! direction mon palais! »[19]

---

19 *La cochère de l'acrobate* est un roman qui reste à écrire.

21 - Bosseur mécanique

Spectateur pathétique imitant Michel Ange
Il contemple, abruti, les ruines calcinées
Qui fument exhalant des parfums marinés
Fumée antique, air marin, détonnant mélange...

Renifleur démodé créateur d'eau de rose,
Bricoleur de fragrance, d'énigmes, de crimes,
Parfumeur artiste il escalade les cimes
Pour atteindre la gloire des auteurs moroses.

Ce portrait brossé d'un découvreur de parfums,
Animé par l'envie de manger à sa faim,
Consommateur bio, simple écolo féal,

Ne vise qu'à mettre en garde quelques vauriens
Qui voudraient imiter ce renifleur du rien,
Bosseur mécanique avide et sans idéal[20].

---

20 Théodore de Banville a intitulé le chapitre II de son *Petit traité de poésie française* (1883) : « La mécanique des vers » l'expression « bosseur mécanique » ne vise cependant pas Théodore de Banville (né le 14 mars 1823 à Moulins et mort le 13 mars 1891 à Paris) dont les *Odes funambulesques* méritent d'être lues encore aujourd'hui quoiqu'elles soient désuètes.

22- Lion Sunlight

Lion Sunlight : un prolifique écrivain,
Il roule en Bugatti décomposable
En compagnie d'actrices remarquables.
Il a fagoté plusieurs écrits... vains...

Que chacun sur la toile d'internet
S'accorde à trouver « à donff' romantique. »
Il brasse en argot des refrains antiques,
Et ressasse à merveille cette recette,

Elle est démontable à tous les étages...
Du lion, il a la crinière sauvage,
Sa plume à clichés est industrielle...

Sa vaste villa domine Hollywood,
Les plus austères librairies le boudent,
Les supermarchés adorent son miel...[21]

---

[21] Les lecteurs de la nouvelle *Plume rebelle* que j'ai publié dans le recueil de nouvelles *Il était une plume...* publié par l'association « Les plumes indépendantes » (Captieux 2018) comprendront pourquoi j'ai écrit ce sonnet et quel est cet objectif.

23 - Le Festival de Cannes

La foule afflue grouillante aux galas en soirées
Disparus cette année les badauds apeurés...
Les paparazzis chassent l'actrice à dorer,
Scintillante dans l'ivresse aux rythmes beurrés.

Tandis que le ténébreux cinéphile admire
(Tourbillonnant, papillonnant sur la croisette
Au soleil essoufflé, soupirant) les starlettes...
Ce festival, du trop clinquant, devient l'empire.

On ne peut plus se délecter de fruits de mer.
Les spectateurs sont de plus en plus téméraires !
Crépite sans cesse le flash des photographes.

Ils vous agrippent dans les coins, dans les couloirs,
Ensuite ils s'époumonent dans les chambres noires.
Et toujours un piaf qui mendie son autographe...[22]

---

[22] Souvenirs d'une montée des marches au festival de Cannes (en tant que scénariste de film par anticipation).

24 – La page offre sa blancheur

La coccinelle asticote un coquelicot
L'astre aspire un astéroïde en son sillage
Le soleil essaie d'illuminer ce pillage
Organisé par les amis de Zeus and Co.

Un âne absurde a décidé de tout brouiller
Il danse en chantant, à la façon d'un rebelle.
Un mouton subjugué, l'admire et le suit, bêle ;
Il philosophe en mêlant des sons embrouillés.

La coccinelle entêtée poursuit son manège
En chantant du Mozart, le temps tourne à la neige.
Il pleut des roses, des arpèges en dentelles.

Les flocons blancs tombent en perçant les nuages
La blancheur des flocons invite aux babillages,
Et la page offre sa blancheur aux ritournelles.[23]

---

[23] Il n'est pas toujours obligatoire d'ajouter des notes en bas de page, la libre interprétation du lecteur peut y suppléer.

25- La Dame à chignon

La dame à chignon belle et mûre
Contemplait d'un doux regard pur
Le ciel, les rochers, les masures,
La brume envahissant l'azur

Sous le soleil, en le masquant
Tel un nuage gris, pesant
Des étourneaux, en gazouillant
Singeaient, rusés, le mauvais temps.

Dix-sept anglais sur la rocaille
Buvaient leur thé noir à la paille
Tandis que chantaient les oiseaux.

On se serait cru dans un zoo
Devant ces étonnants museaux
Buvant aux cris de la marmaille.

26- Tandis que les bateaux

Tandis que les bateaux rouillaient,
Singeant une danse d'antan,
Dans une brise de printemps,
Un peintre enrhumé barbouillait

Sous une falaise d'albâtre
Des pingouins et des goélands
Jouant joyeux et plein d'allant.
On se serait cru au théâtre.

De gros nuages blancs ivoire
Sur le soleil rouge du soir
Rosissaient dans leurs découpures.

Sur les rochers, dans l'embrasure,
Une danseuse aux yeux azur
Dansait sans s'en apercevoir...

27 – Une danseuse

Une danseuse en fioritures
Dansait le sacre du printemps
En dissipant le mauvais temps
Ponctué sans appoggiatures

Tandis que les bateaux rouillaient,
Dansant joyeux et pleins d'allant.
Dans le vent cinglant du printemps,
Un peintre enrhumé barbouillait

Une toile emplie de galants,
Des pingouins et des goélands,
Un étourdissant opéra

Sous le soleil qui rougissait
Dans les vagues qui rosissaient
En chantant « La Habanera »[24].

---

24 Air célèbre extrait de l'opéra de Bizet <u>Carmen</u> (1875) qui contient notamment les paroles : « *L'amour est un oiseau rebelle* »

28 – La Rentrée littéraire.

Ô muses! eh ramenez-moi
Ces images impressionnantes !
Ces rimes qu'un précis haut hante[25]
(Au musée rament mes émois).

L'art en traits lie terre, air, en un
Horizon brumeux un peu flou.
À l'orée sombre ronfle un loup :
« La rentrée littéraire a faim ! »

On écoute un grand type aigri
(Grandes oreilles sous chapeau gris)
Qui dans le brouillard vous explique

Le bombardement des libraires
Les jours de « rangs très littéraires »...
Tirs en hâte, ailée balistique...

---

25 Ce « *précis haut* » pourrait être (quoique ce ne soit pas certain) le traité intitulé <u>De la rime française : ses origines, son histoire, sa nature ses lois, ses caprices</u> écrit par Victor Delaporte (1846-1910) et publié en 1898 chez Desclée de Brouwers.

29 – Effaënntéha

Effaënntéha, ainsi ton prénom écrit
En blanc sur l'azur par le rythme des nuages
Danseurs surgis d'ailleurs venus te rendre hommage
À toi, noble beauté, amie de Conakry.

Dans le souffle du vent le son de la kora
Évoque ta souplesse élégante et mythique
Aux étoffes fleuries de couleurs fantastiques,
Et dans les rythmes du poète surgira

Ton sourire : amicale chaleur africaine
Qui conquiert l'Europe et la plaine américaine,
La brume chinoise et les neiges de Russie...

Ton âme qui vibre aux accents de la Guinée
Invite ma plume à blanchir illuminée
Car ton regard brillant éblouit jusqu'ici.

30 - L'Amazone de Ouagadougou

Fastueuse en wax et sans casque
Elle grimpe la piste en terre,
En chevauchant, superbe et fière,
Une grosse moto fantasque.

À Ougadougou c'est la reine
De l'acrobatie sur deux roues.
Sable ou rocaille, boues ou gadoue,
Rien ne résiste à l'Africaine.

Elle fend l'air, majestueuse,
Burkinabé aventureuse,
Parmi les foules chatoyantes.

C'est l'Amazone des chansons
Accompagnées le soir aux sons
Des douces koras bienveillantes.

31 – S'ensauvager dans...

S'ensauvageant dans ses ramages...
Charmée elle écoute rimer
L'oiseau habile à s'exprimer.
Il brille en plume et crie sauvage.

Elle écoute le volatile
En grognant, imiter l'orage.
Il dit l'épopée des fruits sages,
En une mélopée subtile.

Le vieux perroquet à gros bec
Compose, inspiré, en vers grecs.
Il fait parler les bruits de l'île.

Elle est éblouie par l'oiseau,
Par sa diction, son arioso,
Épatée par son ton, son style.

32 – Épatée par...

Épatée par son chant, son style,
Elle est aimantée par l'oiseau,
Par son allegro furioso.
Il fait danser les fleurs de l'île,

Chante la valse des feuillages
Sur l'onde des vallées fertiles.
Elle écoute le volatile,
Son brillant tripatouillage,

Son hymne est un écrit sauvage,
Il s'affranchit de l'esclavage
Des leçons du conservatoire.

Il chante en dodécaphonique
Un drame très radiophonique
En syncopes combinatoires.

33 – Tes sonnets tintent...

« Tes sonnets tintent comme l'or,
Oiseau habile à t'exprimer ! »
Rêveuse elle écoute rimer
Le perroquet multicolore.

Par son roman, ses épisodes,
Emplis de suspense grand style,
Il fait trembler le cœur de l'île.
Emue par le chant du rhapsode,

Elle écoute le volatile,
Raconter l'immonde reptile,
Qui menaçait les enfants sages.

Terrorisés, ils frissonnaient...
Soudain, une sauveuse survenait :
Vénus jaillie d'un coquillage...

34 – Négligeant de chanter...

Négligeant de chanter les fruits de l'île
Attentif l'oiseau regarde la mer.
Gracieuse au milieu des vagues amères
En nageant flâne la sirène habile.

N'apercevant pas l'oiseau sur sa branche,
Arbre à fruits récoltés c'est bien dommage,
Goûtant l'atmosphère d'avant l'orage
Elle fait briller sa belle peau blanche.

Soudain, elle aperçoit le sansonnet.
Il peste contre tous ces cent sots niais
Ravaudeurs des toiles de Pénélope.

Enfin l'oiseau se décide à chanter
Nouant rythmes et rimes enchantées.
En soutien de sa colère interlope.

35 – L'épopée des fruits mûrs

Furieux, l'oiseau raconte ses fruits mûrs...
L'arbre en était plein, ses branches ployaient.
Il a fallu qu'un jardinier inquiet
Cueille sans mon avis ma nourriture.

Fructivore affamé suis devenu...
L'horticulteur veut toujours tout couper.
On a beau lui déclamer l'épopée,
Cet ingrat rend tous mes arbres chenus.

Sifflant sur un rythme éloquent, l'oiseau
Insiste dans un aria gracioso :
Radieux fruits revenez, ô perte amère !

Entendant l'oiseau, la sirène émue
Nage en hâte jusqu'aux arbres chenus.
Elle apporte à l'oiseau des fruits de mer...

36 – L'épopée des fruits de mer

A l'arrivée de la belle sirène
Méfiant l'oiseau prend d'abord son envol.
En l'air, il entend de douces paroles
Rassurantes invitations sereines.

Gourmand, il entend qu'on parle de fruits.
Oiseau voici pour toi des fruits de mer !
Un cadeau ? il les goûte, ils sont amers...
Trop bien trop amers, il râle avec bruit.

Sifflant l'air du grand galop d'Offenbach,
Il hurle avec des effets de feed-back,
Rugissant autant que Jimmy Hendrix.

Eh oh pourquoi ces fruits dans ta main
N'ont pas le goût de ceux qui hier matin
En haut de l'arbre mûrissaient prolixes ?

37 – La fureur de l'oiseau

Fascinée par la fureur de l'oiseau
La sirène admire le musicien.
Il n'est pas facile, avec ces anciens
Chorus, même avec des coups de ciseaux

Finement aiguisés, d'improviser
L'air que vous venez de m'interpréter !
Ah madame il ne faut pas me prêter
Ce talent ; ma fureur seule a visé,

Siffle furibond l'oiseau ; si vos fruits
Insensés n'avaient eu ce goût de bruits
Rageurs, jamais je n'aurais pu chanter,

En sifflant, ce jazz brûlant et bleuâtre ;
N'y voyez que l'effet du goût saumâtre
Et cruel de vos fruits d'aigreur hantés...

38 – La sirène au bougre...

Polie... puis... vexée par ses invectives...
La sirène au bougre essaie de répondre.
Il est agaçant... qui a bien pu pondre
Ce grincheux hostile à mes si festives

Propositions de saveurs maritimes ?
Les fruits de mer sont pourtant savoureux
On les déguste avec l'air langoureux,
Ce sont des mets qu'à Paris on estime !

Sot volatil, insulaire égoïste !
Il faudrait être un peu plus altruiste !
Remercie-moi un peu de mes efforts !

Etais-je obligée d'apporter ces fruits ?
Ne faut-il pas que je résiste aux bruits
Exprimant tes acariâtres ressorts ?

39 – L'air du champagne...

Bredouillant, l'oiseau encaisse la scène...
Ainsi râlant c'est à l'épouvantail
Non pas à une nymphe à l'éventail...
Grenouille-t-il... *que tu ressembles Sirène,*

Bruissante comme une ivre crécerelle...
Apaise-toi, *les goûts alimentaires*
Ne *sont pas les modes vestimentaires.*
Grignotons *pour briser notre querelle !*

Suant, pestant, s'emberlificotant
Il entonne l'aria ravigotant,
Rieur, du champagne du Don Juan,

Ecrit par un grand musicien : Mozart.
N'y trouve-t-on pas un merveilleux art ?
Ecoutez bien ce baryton jouant...

40 – Cheval de...

Cabré, féroce, place de l'Hôtel de ville,
Hennissant mais sans émettre le moindre son,
Ecumant, s'apprête à bondir un canasson.
Voltigeant sur son dos, un étonnant civil

Agite un bicorne infiniment minuscule.
Le destrier se cabre avec obstination,
Dangereux animal pour la population
Environnant la scène sur leurs véhicules.

Bataille incessante et sans fin entre planche à
Roulettes et rêve impérial... qui l'enclencha?
On ne sait pas car ni cavalier ni monture

N'ont pondu en trottinant le moindre discours.
Zou !... font les planches à roulettes, c'est trop court...
Epique harangue à traduire en littérature...[26]

---

26 Si vous avez à traverser la place de l'Hôtel de ville de Rouen à cheval, faites attention, une population importante y pratiquera la planche à roulette ou la trottinette (engins qui peuvent provoquer des réactions inattendues et inappropriées chez votre monture). Le cavalier dont il est ici question, habitué des lieux, en sait quelque chose...

41 – Boileau...

Boileau, tel un rimeur vandale,
Fit un jour rimer « furibond »
Avec un tapageur « jambon »[27]
Digne d'un poète en sandale...

Son « Art poétique [28] » est pourtant
Un ouvrage exigeant, austère,
Très virulent contestataire
Face aux grossiers trop percutants.

Dans l'assonance pitoyable
Il faut trancher, impitoyable,
Pour que ta philosophie vogue.

Poète enrichis tes clôtures
En de foisonnantes boutures,
Coupe et sarcle ta ronce rogue !

---

27 « La couleur lui renaît, sur un ton furibond
   « Il fait par Gilotin rapporter un jambon... »
Boileau, *Le Lutrin* Chant I première version évoquée par Victor Delaporte in *De la rime...* page 137.
28 Nicolas Boileau (dit Boileau-Despréaux) (né le 1er novembre 1636 à Paris et mort dans la même ville le 13 mars 1711) a publié son *Art poétique* en 1674 il y prétend apprendre, en 1100 alexandrins, à « écrire à la perfection ».

42 – Va-t-il sonner ?

Va-t-il sonner ce téléphone ?
La foule brûle et danse, étonne
Les quidams, les belles personnes,
Qui flânent... le voilà qui sonne.

Je sors... au son du piano bar.
La sirène hurlant avec art,
M'invite à faire ailleurs ma star.
Je sors du Café de la Gare.

On cause à propos d'un boulot
Une croûte à peindre, un tableau
De l'oseille dans une corbeille.

Ça peut payer ma Cadillac...
Suivant l'excellent Condillac[29],
Je colorie avec l'oreille....

---

29 Étienne Bonnot de Condillac (né le 30 Septembre 1714 à Grenoble et mort à 3 Août 1780 à Lailly-en-Val). Il a écrit un <u>Traité des sensations</u> (1754), un <u>Traité des animaux</u> (1755) pour critiquer l'Histoire naturelle de Buffon. Jacques Derrida lui a consacré un livre : <u>L'archéologie de frivole, lire Condillac</u> (1973).

43 – Je colorie avec l'oreille...

Je colorie avec l'oreille
(Suivant l'excellent Condillac,
Qui veut m'offrir sa Cadillac[30]...)
Des radis dans une corbeille.

Je rentre au Café de la Gare.
Je peins, au son du piano bar.
La sirène hurlant avec art,
M'invite à faire ailleurs ma star.

Va-t-il sonner ce téléphone ?
La foule danse et puis s'étonne
Des légumes dans mon tableau.

Les quidams, les belles personnes,
Qui flânent... et soudain il sonne.
On m'achète un nouveau tableau.

---

30 Cadillac : nom (d'origine française) porté par une firme d'automobiles américaines créée à Détroit dans le Michigan en 1902. La ville de Détroit avait été fondée en 1701 par le Gascon Antoine de Lamothe-Cadillac (1658_1730) sous le nom de Fort Pontchartrain du Détroit. La firme américaine s'est emparée du nom Gascon.

44 – Suivant les conseils...

Suivant l'excellent Condillac,
Je rentre au Café de la Gare,
Je peins, au son du piano bar,
Un milliardaire en Cadillac...

La sirène hurlant avec art,
Je colorie avec l'oreille
Des poivrons dans une corbeille.
Elle hurle fort, une vraie star.

Les quidams, les belles personnes,
Tandis que le piano résonne,
Admirent mon nouveau tableau.

Soudain sonne le téléphone.
La foule danse et puis s'étonne
Du milliardaire à table : « oh ! »

45 – Elle hurlait un air affable...

Elle hurlait un air affable haut.
Une chanson de Dalayrac.[31]
D'un coup de pinceau patatrac,
J'ai peint l'action dans un tableau.

C'était au Café de la Gare,
Y dansaient de belles personnes.
La chanteuse en faisait des tonnes
Quand ferraillait le piano bar.

La donzelle hurlant avec art,
Je lui coloriai sous l'oreille
Des légumes dans une corbeille.

Elle hurlait fort, une vraie star
Soudain sonne le téléphone.
La foule râle et puis s'étonne...

---

31 Nicolas Dalayrac (né le 8 juin 1753 à Muret et mort le 27 novembre 1809 à Paris) il a composé plusieurs opéras dont le fameux _Léon ou le château de Monténéro_ (1798)

46 – Un sonnet...

Un sonnet ce sont deux quatrains
Formés de quatre vers qui riment
On les accroche, on les arrime
Comme sont les wagons d'un train

(Ce train est un sonnet bien sûr)
On accroche ces deux quatrains
On place à la fin plein d'entrain
Deux beaux tercets de fière allure.

Ces tercets formés de trois vers
Doivent être frais, pas trop verts
Pas trop mûrs non plus, juste à point.

Deux fois quatre vers, plus deux fois
Trois vers c'est ainsi qu'autrefois
Filaient les sonnets jusqu'aux points...

47 – Lorsque je n'écris pas...

J'essaie d'ordonner mon désordre.
Lorsque je n'écris pas je lis.
Lorsque je n'écris pas je lie
Les idées accouplées en ordre.

Lorsque je n'écris pas je pense
Je voyage et j'attends le train
Ou je dors d'un sommeil sans frein
Ou bien je sors et puis je danse.

Lorsque je n'écris pas je rêve
Aux livres à venir, sans trêve
J'imagine de nouveaux styles

Lorsque je n'écris pas, je grogne
Je fais la tête ou bien la trogne
J'ai l'impression d'être inutile…

48 – La langue française...

La langue française est bien souvent trop sérieuse.
Sa grammaire est absurde, illogique et austère,
Mais quand vous jouez avec elle, alors, mystère,
Son orthographe hideuse et souvent sourcilleuse,

On ne sait pas pourquoi, vous devient souriante.
Pleine de charme espiègle et coquette, amoureuse...
C'est ainsi qu'elle est belle, une parole heureuse,
C'est ainsi qu'elle est aimée... sa phrase est riante.

Lorsqu'elle est triste solitaire et malheureuse,
Je l'emmène danser, je la rends valeureuse.
Lorsqu'on s'amuse avec elle, elle est babillante,

Danseuse de corde ou trapéziste, elle est souple,
Sa rhétorique s'égaie lorsqu'elle s'accouple,
Aux discours à traduire en rime sémillante.

49 – J'aimerais l'écrire...

J'aimerais l'écrire un jour.
Ce sonnet que je préfère
Est celui qui reste à faire
Pas encore écrit, toujours

Espéré à chaque fois
Que je hasarde un mot sur
Une page d'écriture
Ce n'est pas pour cette fois...

J'essaie d'inventer encore.
Avant ce suprême accord
Final, j'écris par passion.

Le jour où je l'écrirai
Peut-être aurai-je tiré
Un trait sur mes ambitions.

50 – Tu vois là-bas ce navire...

Tu vois là bas ce navire qui se balance,
Tandis que le pianiste martèle en cadence
Un tango swinguant l'air de Trénet : « Douce France ».
Bruit, claquements de porte, ça sent la malchance...

Un groupe emplumé de perroquets à chapeaux :
« Tout le monde mains en l'air, c'est pas du pipeau ! »
Hurlent les oiseaux... ils vont nous faire la peau !
Pourquoi est-on là et pas à bord du bateau ?

Le pianiste se tait, à court de répertoire,
Il ne veut pas mourir et surtout pas ce soir
Tandis que là bas les perroquets se balancent.

Pourquoi est-on là et pas à bord du bateau ?
Tout le monde implore les féroces oiseaux.
Claquements de becs, chant bête, absurde malchance.

51 – Cric crac...

Cric-crac, claquement de becs, ça sent la malchance...
Un tango swinguant l'air bien connu : « Douce France »,
Refrain que le pianiste martèle en cadence.
Tu vois là bas ces perroquets qui se balancent ?

Le pianiste se tait, à court de répertoire,
Tandis qu'à l'horizon un voilier se balance.
Et pourquoi n'est-on pas dans la barque en partance ?
Il ne veut pas mourir et surtout pas ce soir

Jaillit le groupe de perroquets emplumés :
Bizarres oiseaux... mais ils vont nous allumer !
Tout le monde implore ces chapeaux de malchance.

« Tout le monde mains en l'air, c'est pas du pipeau ! »
Pourquoi est-on là et non à bord du bateau ?
Claquements de feu, dix morts, absurde cadence.

52 – Tu vois là bas ces perroquets...

Tu vois là bas ces perroquets qui se balancent ?
Un refrain swinguant et entraînant : « Douce chance... »,
Ballade qu'un perroquet répète en cadence.
Cric-crac, claquement de becs, ça sent la malchance...

Tandis qu'à l'horizon se découpe un bateau.
Le pianiste se tait, à court de répertoire,
Il ne veut pas mourir et surtout pas ce soir
Pourquoi est-on là et non pas dans un château ?

Jaillit le groupe de perroquets à chapeaux :
Bizarres oiseaux... vont-ils nous faire la peau ?
Claquement de feu, dix morts, funeste malchance.

« Tout de suite mains en l'air, ce n'est pas un jeu ! »
Pourquoi maintenant et non pas Moyen-âgeux ?
Claquements de feu, vingt morts, absurde cadence.

53 – Le luthiste se tait...

Le luthiste se tait, à court de répertoire,
Tandis qu'à l'horizon se découpe un château
Pourquoi est-on là et pas derrière un râteau ?
Il ne veut pas mourir et surtout pas ce soir.

Tu vois là bas ces perroquets qui se balancent ?
Un grincheux récite Du Bellay : « Triste danse... »
Ballade qu'un perroquet répète en cadence.
Claquement de becs, dix mots c'est la renaissance.

Ça vient du groupe de perroquets à chapeaux !
Poètes oiseaux... ils vont nous faire la peau...
Bruissements de feuilles, dix vers, terrible cadence.

« La catapulte est armée c'est pas du pipeau ! »
Pourquoi est-on là et non pas sous leurs chapeaux ?!?
Quatorze vers au luth ajoutent leur balance...

54 – Tu ne glisses pas..

Tu ne glisses pas du style jusqu'aux manières
Tu ne rêves pas des plaisirs de nos cités
Tu n'as point voulu ce formidable écarté,
Tu n'as pas invité ces profondes ornières...

J'évite à mes lecteurs l'épouvante aiguisée,
Je livre à l'extérieur ma truculente époque
J'écris que jusqu'ici nul n'endormit mes stocks
Que pour eux je n'ai pas cherché le tamisé.

Voilà ce que je file et cependant les hommes,
Tels ceux qui sont aux manoirs ou bien dans les pommes,
Barbares d'or qui de la nature s'irritent,

S'inquiètent de ma truculence formidable
Car on dit que ma manière est intraitable
Et que mon castel à l'extravagance invite.[32]

---

[32] Ce sonnet est né d'une méthode de construction particulière. Les substantifs proviennent exclusivement d'une page tirée au hasard du roman de Lawrence Sterne : _Vie et opinions de Tristram Shandy_ les adjectifs proviennent exclusivement d'une page tirée au hasard du _Capitaine Fracasse_ de Théophile Gautier, les verbes proviennent uniquement d'une page tirée au hasard des _Fleurs du mal_ de Charles Baudelaire. Cette recette d'une facilité déconcertante (que chacun peut faire chez soi) permet la création rapide d'un nombre infini de sonnets nouveaux, à partir de textes anciens. Ne pas vouloir glisser n'implique pas que l'on ne puisse déraper. Ce sonnet est le seul où je me suis risqué à cette méthode oulipienne qui ne m'a pas parue devoir être reproduite à l'infini...

55 – On a gagné ! On a gagné !

On a gagné ! On a gagné ! Ils sont malades...
Haut-parleur apathique absurde sur l'estrade
Musiciens chétifs, antithèse aux dieux du stade,
Leur choeur se perd en une étrange marmelade.

Le hauturier se dresse hautain sur l'esplanade
Au garde-à-vous lugubre, objet triste et maussade
Tel dans un port sans eau, un vieux rafiot en rade
À la coque sans grâce, à la triste façade...

On dirait une sorte de gardien de but
Qui jamais n'arrêta la moindre anacoluthe,
Gouffre syntaxique d'une puissance brute,

Contre laquelle un guitariste solitaire
Ne peut que rester noir, sombre célibataire.
Obscur rhétoriqueur bras ballants pieds à terre...

56 – Tel dans un port plein d'eau..

Tel dans un port plein d'eau, un paquebot en rade,
À la coque sans grâce, à la triste façade,
Au garde-à-vous, lugubre mur triste et maussade,
L'hôtel hautain se dresse en la sombre bourgade.

Haut-Parleur apathique absurde sur l'estrade
Musicien chétif, antithèse aux dieux du stade,
On a gagné ! On a gagné ! Ils sont malades.
Leur choeur se perd en l'imperméable façade

Qui jamais n'arrêta la moindre anacoluthe.
Gouffre syntaxique à la résonance brute,
Contre laquelle un pauvre artiste solitaire

Ne peut que rester noir, une ombre qui se terre.
Esthète philosophe allongé ventre à terre,
Attendant le ballon comme un gardien de but.

57 – Rude rhétoriqueur...

Rude rhétoriqueur droit debout, mousquetaire...
On dirait une sorte d'amateur de zut
Prêt à jongler avec la moindre anacoluthe.
Orateur batailleur comme un parlementaire.

Tel dans une calme rade un fier hauturier
Gouffre syntaxique à la profondeur abrupte
Contre laquelle une chanteuse à la voix brute
N'oppose en chaloupant qu'un refrain roturier.

Le public abasourdi contemple l'estrade,
Au garde-à-vous, avalant tout, sans gargouillade,
Le haut-parleur se dresse hautain sur l'esplanade.

Le discours se perd en étrange marmelade.
On a gagné ! On a gagné ! Ils sont malades...
Électeurs chétifs, antithèse aux barricades...

58 – Tandis que l'océan mugit

Dessus l'océan débridé
Dans l'azur, souple et sans saccade
Une sirène cavalcade
Sur un hippocampe bridé.

La sirène jazze, éblouissante,
Des airs de swing dans le ciel bleu :
« Je chante le crabe noble ... heu... »
Sa voix anime sa danse puissante

Avec un timbre de bombasse,
Sur des rythmes de contrebasse,
Tandis que divaguent les crabes

Dans le big-band des crustacés.
Et l'hippocampe, embarrassé,
Laisse chalouper ses syllabes[33].

---

33 Les lecteurs de mon livre <u>La princesse Élodie de Zèbrazur et Augustin le chien qui faisait n'importe quoi</u> (2017) auront compris pourquoi et dans quel objectif j'ai écrit ce sonnet et comment il a pu renaître ailleurs. Si vous n'avez pas encore lu ce petit album illustré par Samar et Hani Khzam, courez vite l'acheter, il ne coûte que 8€.

59 – La lambada sans stress

Depuis que je suis « hôte haut édité »[34],
J'ai changé ma sonnerie de télé-
Phone en un sémillant ukulélé
Sonnant : « T'es ni Rimbaud ni un yéyé ! »

Vibrant, quand je reçois un « Hessaimesse »
Ce pétillant refrain me met en liesse.
Prononcé si joliment sans paresse
Par une voix de Diane chasseresse.

Lorsqu'en flânant j'entends sur un sentier
Cauchois : « T'es ni Rimbaud ni un yéyé ! »
De cette voix douce emplie de tendresse ;

J'agite mon mobile poétique[35]
Et pars en chasse aux rimes athlétiques
Qui danseront la lambada[36] sans stress...

---

34 L'auto édité est souvent un hôte haut édité (surtout dans les villes où les immeubles se dressent sur de nombreux étages grimpant à la conquête du ciel).
35 Pour qui sait en faire usage, un téléphone mobile est une source poétique inépuisable. La revalorisation littéraire du « smartphone » mérite un travail considérable qui n'a été qu'à peine esquissé jusqu'à présent.
36 *La lambada* est une danse Brésilienne qui a été popularisée en France durant l'été 1989 par le groupe Kaoma qui avait repris une musique originale du groupe bolivien Los Kijarkas.

60 – Elle ondulait sur la Manche...

Elle ondulait sur la Manche nymphe hasardeuse
Légère abandonnée chasseuse de printemps
Tête en l'air m'adresse un sourire, il était temps.
Je souhaite bon vent à ma plume bazardeuse.

Qui es-tu ? toi que la tristesse ainsi harasse ?
Semble dire le vide à la place de la plume.
Je suis celle qui luit pour éviter l'enclume,
Ajoute la vague, j'y plonge à pleine brasse.

Je ne voulais manquer ce rendez-vous d'enthousiasme
À l'appel de l'eau vide en fuyant tous ces miasmes,
Piétinements de pesanteurs et de lourdeurs.

Que surveille l'albatros aux oeillades gourmandes ?
Une queue de poisson et de beaux yeux amande,
Sans doute une sirène aux chants doux et rieurs.

61 – Des vagues d'eau salée...

Des vagues d'eau salée lui servaient de palais,
Elle y organisait des concerts maritimes
Duos d'ouragans aux harmonies magnanimes.
« Qui es-tu sirène en l'écume plus blanche que lait ? »

Le sanglot très vacillant des vagues sonores
Répétaient des échos très peu compréhensibles,
Houle flux et reflux une histoire impossible
À noter, Sirène s'envole vers le nord...

Sur la Manche elle ondule en longues arabesques
Ligne d'écriture insensée qu'on pourrait presque
Abandonner aux hasards imprévus du vent....

Sa queue de poisson et ses beaux yeux en amande
Masquaient à peine les îles anglo-normandes.
Transparence indicible en un vague paravent.

62 – L'Ardente

La prose est trop sévère et la rime est dantesque
Entre leurs rives laboure une méridienne.
Rythme tes pulsations danse tes quotidiennes
Émotions sur des carnets de croquis burlesques...

Un sonnet ce n'est pas la machine à laver
Le linge qui s'embrouille en troublant la mémoire.
Il ne lessive pas, il cultive un grimoire
Qui brode et baroquise[37] en couleurs délavées.

Quelques traits sur la feuille, des lignes d'écriture
Qui courent au hasard, décousues en guipures
S'emmêlant sans raison découpant des dentelles.

Arabesques soieries pour l'Enflammée Rature
Car telle est la Vénus de ma littérature
J'écris, m'accroche à la rime pour l'Ardente Elle.

---

37 Baroquiser (néologisme) : construire une œuvre intellectuelle ou matérielle de manière à lui donner la forme, ou à suggérer une allusion (même discrète) à l'art baroque.

63 – Snobes emplumées

Sur la plage, en robe à dentelles,
Des plumes sur son chapeau vide,
Avait placé la snobe Alvide.
Ces plumes sont douces Dadelle !

Disait-elle à une baigneuse
Élégante qui l'admirait,
Tandis que dans l'eau chavirait
Une embarcation populeuse...

Alvide et sa Dadelle huppées
Sottes bourgeoises emplumées
N'avaient rien vu de ce naufrage...

Alvide en dentelles de plumes,
Oublie les ruines de Carthage
Et la grande bleue qui s'enfume.

64 - Rivages

Ça rugit, ça mugit sur les ondes...
Il y a abondance d'histoires,
Et des vagues d'esquifs plein d'espoirs,
L'humeur noire et la mort les inondent.

Le désespoir les submerge, ils frondent.
Il y a abondance d'espoirs
Et des vagues d'esquive et d'Histoire
Qui vivent, enflent et vibrent sur l'onde.

Sur l'île au loin déjà luit l'espoir,
Sur le rivage explose l'immonde.
Il vit, s'essouffle et se noie, un soir.

Mais soudain l'espoir à l'aube abonde.
Et toi tu réveilles leur mémoire,
Tu attends que s'imprime le monde...

65 – Le ciel en larmes

Le ciel en larmes que je bois,
En pluie caresse mes pétales.
Le ciel est gris, couleur métal.
Le cercueil est brillant, de bois.

Ils se sont longtemps entraînés...
Leur sourire fend les ténèbres,
Lumineuses pompes funèbres,
Enterrement qui peut traîner...

Cette cérémonie est belle,
Sans que les chanteurs trop ne bêlent,
Après l'inconfort, l'art est fort...

Leur musique : ils chantent à seize,
Souvenir en forme d'ascèse.
Syllabes pour des amis morts...

66 – Un soir gris...

Un soir gris tandis que grondait l'orage
En plein milieu d'un rustique village
Pour imiter Jo, pour lui rendre hommage...
Ils avaient débuté dans un garage.

Leurs accords résonnaient sur les façades
Un rock métal, grisâtre et sans parade
Un swing pour améliorer les glissades
Si nombreuses sous l'azur de la rade.

Les roses assourdies dans les jardins,
Recevaient comme des coups de gourdins
L'écho de ces scies reines qui rimaient

Leur musique était un panorama
Très surprenant dans l'ombre des trois-mâts.
La foule aimait cet art qui s'arrimait.

67 – La foule aimait ces airs...

La foule aimait ces airs qui déraillaient...
Leur musique était un panorama
Qui traduisait bien l'esprit des trois-mâts,
Échos qui dans leurs accords ferraillaient.

Un soir gris tandis que grondait l'orage
(Quand cent sots niais oscillent, règne la rime
Car sens haut naît là où règne la cime).
Ils avaient inventé dans leur garage

Une espèce de rock métal torsade.
Leurs scies reines, vibraient sur les façades,
Sirènes hurlant dans l'azur de la rade.

Les roses assourdies dans les jardins,
Recevaient comme des coups de gourdins
Leur swing fait pour tortiller l'algarade.

68 – Amorphes poseurs[38]

Victor Hugo a-t-il écrit « *La Lé-*
Gende des siècles » pour que des endives
Aient l'idée de construire sur nos rives,
Des remparts, caméras et barbelés ?

Homère a-t-il chanté l'*Iliade* et l'*O-*
Dyssée pour qu'ici les râleurs se battent
Travaillant leurs discours pour que tout rate
Et que les naufragés gardent sous l'eau,

Leurs figures gravées par la détresse,
Tandis qu'à la Bourse, insensés se pressent
Des assoiffés d'argent et de pouvoir ?

Ovide a-t-il écrit les *Métamorph-*
Oses pour qu'aujourd'hui posent amorphes
Des spectateurs ivres de ne rien voir ?

---

38 Mieux vaut lire que poser...

69 – En soufflant...

Douceur à l'oreille ineffable
Leur swing aux chaloupes affables
Imitait l'oiseau de la fable,
En soufflant des châteaux de sable.

Ils brillaient dans l'assiette à table,
Moelleux un peu malléables.
Le vent farceur pétait un câble
En soufflant des châteaux de sable.

Ils braillaient, clochards insolvables,
Devant des banquiers imbuvables,
En soufflant des châteaux de sable.

Les arbres verts, imperturbables
Agitaient leurs feuilles admirables,
En soufflant des châteaux de sable...

70 – Un vieux grognard...

Un vieux grognard bringuebalant
Arpente la rue à pas lents
Le vent souffle mirobolant
C'est un temps pour les cerfs-volants...

Un vieux bateau bringuebalant
Brille sous un ciel mirobolant
Avec juste un nuage blanc
C'est un temps pour les cerfs-volants.

Le vieux marin bringuebalant
Arpente le quai à pas lents
Il tangue, oscille, les bras ballants

Le vent souffle mirobolant
Le loup de mer bringuebalant
S'envole comme un cerf-volant...

71 – Le beau danseur...

Le beau danseur hypersensible
Cabotin au visage horrible
Éprouvait des craintes terribles.
Elle avait pété un fusible...

Inaccessible citadelle
Dans sa robe à souples bretelles,
Légère écarlate à dentelles,
D'une tarte à la mortadelle,

Elle fabriqua l'arme funeste,
Assomma le craintif d'un geste...
La mort est un inconvénient

Conclut la belle avec allure,
Contemplant sa victime obscure
Dans les flons-flons d'un bal gnangnan...

72 – La belle en dansant...

Diguedadondaine didou
La belle en dansant dans la boue
Souplement mais toujours debout
Danse en lisant des billets doux.

Son prétendant est peu de chose
Ce n'est pas un râpeux qui cause,
Non plus un sirupeux qui ose,
C'est juste un spadassin sans cause...

Devant sa beauté déballée
L'escrimeur est vite emballé
Il n'a rien d'un propriétaire.

Pour elle, il peut être sans pèze,
Si sa farandole l'apaise
En l'entraînant loin de sa terre.

73 – Un propriétaire en sabots..

Un propriétaire en sabots,
Même perché sur l'escabeau,
Ne sera jamais assez beau
Pour la sylphide aux escargots...

Un très élégant escargot
Même perché sur l'escabeau
Ne sera jamais assez beau
Pour un paysan en sabots.

Pour la sylphide aux escargots
Un propriétaire en sabots
Ne sera jamais en jabot...

Mais un spadassin des vallées
Pour une sylphide emballée
Peut se percher sur l'escabeau.

74 - Déesse emplumée[39]

Telle une intrépide citoyenne
Lalouette, dans sa Citroën,
Conduisait comme une ivre païenne,
À quatre-vingt-quinze de moyenne...

Elle avait dit adieu à sa banquise,
La route estivale était exquise.
Elle écoutait la tiède brise
Qui poussait son chant dans le par' brise.

Du milieu de prairies délicieuses
Cérès surgit sur sa moissonneuse
Qui cisailla l'auto dans la brume.

L'éparpilla par-dessus les champs...
Parmi les duvets de nuages blancs
Ainsi naquit... ...l'alouette à plumes.

---

[39] Hommage aux *Métamorphoses* d'Ovide (*Metamorphoseon libri* publié à Rome en l'an 1 de l'ère chrétienne). Cet épisode n'y est pas mentionné, les Romains ayant eu la prudence de ne pas inventer la voiture automobile mue par un dangereux moteur à explosion.

75 - Tu ressembles à Fausto

C'était un type épatant ce Fausto Coppi[40] !
Chevauchant son vélo dans les lacets grisâtres
Il affrontait dès l'aube les alpes rosâtres.
Ses émules ne sont que de pâles copies...

On a fait tous les deux notre droit à Nanterre,
Elle était attirée par ma figure en fripes
« Tu es stylé comme Fausto tu en as le type ! »
On s'est marié, on est devenu notaires.

Sa méprise avec Fausto, souvent m'amusait,
D'autant plus que la bicyclette m'ennuyait.
Je préférais la voile et le calme des îles.

Notre « lune de miel » fut hors du commun
Bientôt nous avons vu naître un bon gros bambin
« Babillard Fausto », braillant comme un crocodile[41]...

---

40 Fausto Coppi né le 15 septembre 1919 à Castellania Italie, mort le 2 Janvier 1960 en Italie) Célèbre coureur cycliste italien vainqueur de 5 Tours d'Italie et de 2 Tours de France. Il meurt après avoir contracté la malaria au Critérium de Ouagadougou en Haute-Volta (Burkina Faso).
41 On aurait pu aussi écrire ce vers : « Braillant Fausto, babillard comme un crocodile » mais alors ce sonnet aurait un sens un peu différent quoique la nuance soit de faible contraste. <u>*Les notaires et le crocodile*</u> est un roman qui reste à publier en 2019 pour le bicentenaire de la naissance de Fausto Coppi.

76 – Il attaqua d'un coup...

Il attaqua d'un coup de vil'brequin
La poupée terrifiante en bakélite
Il appuyait en tremblant bien trop vite,
Bientôt dans les débris du mannequin

Surgit un tas de diamants durs et propres
Le butin précieux de l'année dernière.
De ce labeur il n'était pas peu fier
Me voilà riche songeait le malpropre.

Ce voyou n'était qu'un gredin commun,
Blouson noir et figure de gamin,
Taches de rousseurs et cheveux qui bougent,

Avec ce trésor pensait le faquin
Je suis mieux loti que tout un chacun,
Je vais pouvoir m'offrir le « poisson rouge »[42]

---

[42] Voir la note suivante.

77 – Un gredin à trogne...

Un gredin à trogne de farine
Gédéon le roi des mauvais coups
Avait passé trois ans à Moscou
À embobiner les ballerines.

L'argousin aux façons de marquis
Tant ce niais aux sirènes s'arrime,
Sens au nez oscillait dans le crime,
Prêt à tout pour un bien mal acquis...

Il avait un rêve majuscule
Un but ultime et peu de scrupules :
Acquérir le célèbre poisson,

Importé par un griot Dogon,
Celui qui a bouffé le dragon
Terrifiant des étangs de Soisson[43]...

---

43 *Le Poisson rouge et le Dogon de Soisson* est roman qui reste à écrire...

78 – Heureux qui comme Alice[44]

Heureux qui comme Alice a fait un long voyage
Et qui comme elle a laissé flotter sa toison
Sur un cheval fougueux galopant sans raison,
Jusqu'au bourg perdu d'un antique moyen-âge...

Sur place on l'a élue... « ... meringue du village ! »
Elle était à la mode, habillée de saison.
Plus d'un villageois la voulait à la maison,
Et certains auraient même voulu davantage.

Bien que sans appétit ces antiques aïeux
La voulaient déguster en rustauds audacieux.
Légère s'esquiva cette meringue fine.

Tous ces vieux villageois ignorants du latin,
Imbibés de bière, ivres morts dès matin,
À force d'épaissir en pesant s'enracinent.

---

44 Hommage croisé aux _Métamorphoses_ d'Ovide (où l'on ne trouve rien de semblable et beaucoup mieux), au sonnet 31 des _Regrets_ de Joachim du Bellay et à de nombreuses scènes villageoises contemplées à travers les vitres d'un autocar.

79 - Saut si haut sur le ré de Zozo

Zozo: un pianiste génial !
Sur ses ré, ses sauts sont si hauts
Qu'une célèbre soprano
A fondu pour cet animal.

Oh t'as des ré, Zozo, si hauts,
Lance la chanteuse au pianiste,
Que tu es le roi des solistes !
T'es sur les réseaux sociaux ?

Zozo est inscrit sur Tuitheur
Face-bouc... sans cesse à toute heure
Il fixe des yeux son mobile.

« Je suis même sur « hein ç't'as gramme ! »
Lance-t-il à la gente dame...
Prélude à une belle idylle...

80 - Scapin écarlate

Ses yeux louchent vers son mobile.
« C'est intéressant hein ! ç'tag rame ! »
Dit-il à une jolie dame...
Prélude à une brève idylle.

Il a fondu cet animal
Pour une danseuse à danseurs...
Liquide il a pris des couleurs :
D'un rouge écarlate fanal.

Scapin des réseaux sociaux,
Il s'étonne que soient si haut
Perchés ses talons d'escarpins.

« Pourquoi si fins si longs Madame ? »
« Pour te clouer au macadam ! »
Répond-elle en plantant Scapin.

81 - Le petit Scapin rouge

Cloué, niais, sur le macadam
Capuchon rouge à la Scapin,
Traînait dans la rue un clampin
En contemplant son instagram.

Les yeux rivés sur son mobile.
Il soupirait : « ah zut ça rame ! »
Carnassière arrive une dame
Prête à croquer le malhabile.

« Ah ! t'es fendard bel animal ! »
Lance-t-elle au rougeaud banal.
« J'apporte du miel à Daronne[45]...»

Répond Scapin d'un air patate.
« Et t'as pas peur du glyphosate ? »
Dit-elle... ...en fauchant son smartphone.

---

45 Terme d'argot désignant soit la mère soit la patronne (ou plutôt la femme du patron, le daron). Sonnet librement inspiré par un célèbre conte transcrit par Charles Perrault : *Le Petit chaperon rouge.*

82 – Élégie du Glyphosate

Dans les bois, les prés, les fontaines
Partout s'étend le glyphosate.
« Cessez d'épuiser vos tomates ! »
Hurle en ses ruches la Sirène.

Mais il ne l'entend pas, Bedaine.
Bedaine il est sur son tracteur
Il aurait voulu être acteur
Giguedabeille, giguebedaine...

Sirène en vain cherche son miel
Ses abeilles sont parties au ciel
Partout surgit le glyphosate.

Bedaine il est sur son tracteur
Juste un clown passant, triste acteur
Partout rugit le glyphosate...

83 - Un poète hippocampe

Mais ça n'existe pas un poète hippocampe!
Des poètes à lunettes, des chevelus,
Des rimeurs, des rythmeurs ou des qui ont trop lu,
Des touristes rêveurs qui sur la plage campent,

Oui ça existe! Mais pas un poète hippocampe!
Personne n'en a jamais vu, aucun bouquin
Aucun auteur, nul fagoteur, nul arlequin
N'a jamais rien dit sur un poète hippocampe !

Pourtant l'hippocampe écrivait, dans son fauteuil,
S'agitant sur son bureau il suivait de l'oeil
Un poème en train de s'écrire à toutes plumes.

Il écrivait des sonnets aussi rigolos
Que des dessins animés où dans l'air, dans l'eau,
Des sirènes jongleraient avec des enclumes...

84 - Les postiers mirlitons

Sur la boîte aux lettres la pie jacasse...
La Poste a supprimé tous ses facteurs,
À la place on voit des gars en scooteur,
Des types casqués masqués, en cuirasse.

Sur la boîte aux lettres la pie jacasse :
Ils sont casqués pour ne plus rien entendre,
Cuirassés pour éviter les coeurs tendres.
Et leurs scooteurs ne tiennent pas en place.

À toute allure impassible sans cesse
D'une boîte à l'autre à toute vitesse
Leur engin bondit comme un hanneton.

Cet insecte à moteur qui pétarade,
C'est la rentabilité qui parade.
Où sont passés les postiers mirlitons ?

85 - Silence et patience...

Je voudrais être plume gémit la tortue
J'aimerais être naine se plaint la girafe
J'aimerais être un verre souffle la carafe
Je voudrais être endive grogne la laitue.

Je voudrais être fraise, proteste la pomme,
J'aimerais être prune grogne le radis
Moi aussi sifflote l'oiseau de paradis.
Et moi je voudrais tout savoir proteste l'homme.

Je voudrais être un bateau déclame l'enclume
Je voudrais être un roman proclame la plume,
Un peu de patience et vous aurez vos atours...

Je voudrais être splendide gémit la phrase,
Je voudrais être légère insiste l'emphase.
Silence, patience dansez donc alentour...

86 – Où est-il ce génie ?

Où est-il ce génie ? est-il dans l'assonance ?
Est-il dans les méandres d'un alexandrin ?
Est-il dans le goût suave d'un sucre brun ?
Est-il dans la lecture et dans ses résonances ?

Le génie de la langue n'est pas dans la bouche..
Il n'est pas entre les dents, sous les incisives...
Est-il dans l'océan du rythme ou sur ses rives ?
Faut-il le récolter dans la mousse des souches ?

Faut-il le dénicher dans l'ombre des rochers ?
Ou bien doit-on, grognon, l'exiger des cochers ?
Bruisse-t-il dans l'écho des ruines essoufflées ?

Chez un diplodocus, en dessous d'un tas d'os ?
Faut-il aller le chercher dans un lit de noces[46] ?
Ou bien dans un jardin où le vent vient souffler ?

---

46 En latin « Lectus génialis » à ne pas oublier pour savourer les plaisirs de la lecture.

87 – Ponctuation

Je chevauche mes mots les voilà qui s'emballent
(Entre les parenthèses filent en désordre
Danse l'âne en pure thèse il fend ce déniordre)
Je les referme en vrac et vite les remballe...

Je gambade en valsant... mes mots en bandoulières...
Les pendards se pendent... ...aux points de suspension...
Trapézistes... jongleurs... bras ballants sans pensions...
D'un coup d'point final j'les assomme à la régulière.

Pour m'endormir, je les range, dans ma pendule,
Ils, défilent, drus, droits, saturés, de, virgules,
Je leur redonne du ressort d'un point-virgule ;

Ils s'enthousiasment sur un point d'exclamation !
Nageront-ils jusqu'au point d'interrogation ?
Puis-je espérer que ce vieux sage les jugule ?

88 – Cette noble lenteur...

Flottante plume dans le vent...
J'aime cette noble lenteur
Qui muscle d'abandon le labeur
Des écrivains qui, trop souvent,

Trop pressés, laissent leurs écrits
Courir essoufflés, mal construits,
Tout durs, tout verts, comme des fruits
Pas mûrs... grouillants comme des cris

Inarticulés de ratons,
Ignorants du style et du ton.
Un écrit... mûrit dans son tiroir !

Et souvent c'est grâce à la poussière
Que fleurit ce vers noble et fier
Digne d'enchanter les mémoires...

89 – Conte à venir...

L'écrivain qui suit l'escargot
Observe mieux le paysage.
Plus merveilleux est son voyage.
Ainsi découvre-t-il Margot,

La belle meunière au moulin,
Cachée, qui file sa quenouille,
Devant l'escargot, la grenouille,
Le merle et le criquet malin.

Tous les cinq sont les personnages
D'un conte pour enfants pas sages,
Mais qui veulent le devenir,

En rêvant de belles histoires,
Murmurées dans l'ombre le soir,
Ce conte est encore à venir[47]...

---

47 Margot, l'escargot, la grenouille, le merle et la grenouille (conte à écrire...).

90 - Archibald Nonanto

On prétend que son style est homéopathique.
Cet obscur symphoniste au faible caractère:
Archibald Nonanto cultive son mystère...
Ses sombres opus le rendraient peu sympathique.

Son art harmonique aurait des similitudes
Avec la ferraille ou l'art industriel.. entre
Les deux... et ses quatre-vingt-dix oeuvres concentrent
Cuivre et sidérurgie avec mansuétude.

Un de ses concertos aurait quelques rapports
Avec ce sirop douçâtre d'aéroport,
Destiné à calmer l'impatient voyageur.

Il aurait aussi écrit des chansons charentaises
C'est probablement parce qu'il est plus à l'aise
En pantoufles que dans des chaussons de danseur[48].

---

48 La biographie d'Archibald Nonanto reste encore à écrire. On suppose que son patronyme provient du terme Belgo-Suisse : « Nonante » qui signifie « Quatre-vingt-dix ».

91 – Féroce ritournelle

Mais d'où nous vient cette féroce ritournelle ?
Belle chanteuse acrobatique, la sirène
Narre des abeilles l'épopée de « la cire haine ».
La conteuse sans trêve repeint la querelle.

Les abeilles butinant récoltent leur nectar,
À la ruche il est taxé par les receveuses,
Qui par leur capitalisation valeureuse,
En fabriquent du miel concocté avec art,

Mais il n'est rien sans l'âpre travail des « cirières »,
Ebénistes de ruche, habiles menuisières.
Un jour le nommé Karl Marx, un frelon barbu[49],

Conduit les ébénistes à la grande casse,
Dans la cire alors rougit la lutte des classes...
Moult miel et cire en ce carnage ont disparu....

---

49 Par une circonstance indépendante de notre volonté, il a existé dans la grande histoire de l'humanité un philosophe ayant le même patronyme que ce frelon : Karl Marx (Né le 5 mai 1818 à Trèves, mort le 14 mars 1883 à Londres). 2018 était donc le bi-centenaire de sa naissance.

92 – Plume de canard

Si la plume servait de remède à la panne,
Il suffirait d'un peu d'encre et d'une grimace,
Ridant sous son effort mon front rempli d'audace...
Ecrirai-je un roman sur ce canard à canes ?

Ce don Juan épris de Lola de Valence[50],
Original canard palmé, noble hidalgo,
Ici bataillait pour échapper au couteau
Noir d'un boucher qui voulait tenir la balance,

Camarde, de la justice de basse-cour...
Or, la cane Lola, dame de haute tour,
Impitoyable et cruelle, amante indocile,

Prétend laisser leurs libertés à l'assassin
Aussi bien qu'au Sire Don Juan son voisin...
Faut-il condamner ces amours trop volatiles ?

---

50 Ce nom peut laisser supposer qu'un certain éleveur de canards à lu « Les Fleurs du mal » de Charles Baudelaire

93 - Quand on écoute un ragondin
Drame historique et colonial sous forme d'un sonnet en vers de treize pieds avec notes en bas de page

En juin mille-huit-cent-seize la frégate amirale,
Méduse, sous les ordres du Comte Chaumareix[51],
Transportant le gouverneur Schmaltz, quittait l'île d'Aix,
Toutes voiles dehors direction le Sénégal...

La rapide frégate, sous ses ordres fantasques,
Le deux juillet fit naufrage sur le banc d'Arguin.
Voilà ce qui se passe quand on écoute un ragondin[52].
Lors, les naufragés dans les vagues, sous les bourrasques,

En hâte bricolèrent le célèbre radeau
Qui inspira le grand Théodore Géricault[53] :
Piètre équipage pour conquérir les colonies...

Ivres et affamés, de nombreux marins moururent,
Condamné, Chaumareix fut emprisonné, obscur...
Triste carnage au large de la Mauritanie...

---

51 Hugues Duroy de Chaumareix (né le 20 décembre 1763 à Vars-sur-Roseix, mort, obscur et oublié, le 23 décembre 1841 à Bussière-Boffy) officier de Marine. Il commandait la frégate La Méduse dans une expédition de 1816 chargée de reprendre possession du Sénégal lorsque la royauté fut rétablie en France à la suite de la fin de l'Empire Napoléonien. Expédition connue pour le naufrage de la Méduse au large de la Mauritanie.
52 Y avait-il un ragondin à bord de la frégate La Méduse ? Aucune chronique ne l'a jamais évoqué, il s'agit d'une découverte poétique. La rime explore suivons-la.
53 Théodore Géricault (né le 26 septembre 1791 à Rouen, mort le 26 janvier 1824 à Paris) pour son fameux tableau : *Le Radeau de la Méduse* (1819).

94 – Il a suffi d'un tas de pierres..

Théophile Gautier[54] pendant
Trente ans autour cette ruine,
La plume embrumée dans la bruine,
Rêva un roman trépidant...

Entre Dax et Mont de Marsan
Sifflait dans ses murs entr'ouverts
Le vieux « château de la misère »[55]...
Il fit un livre fracassant...

Il a suffi d'un tas de pierres,
Un mur envahi par du lierre,
Un sentier en friche où coassent

De paisibles grenouilles propices,
Pour que d'un rêve enfin surgisse
L'acteur Capitaine Fracasse...

---

54 Théophile Gautier (né à Tarbes le 30 août 1811 et mort à Neuilly-sur-Seine le 23 octobre 1872). Il a mis près de 28 ans entre 1835 date de la première annonce de parution et 1863 date de la première édition pour éditer son roman Capitaine Fracasse (1863).
55 Où est situé exactement ce château ? Est-ce dans la seule imagination de Théophile Gautier ? Il existe également dans la mémoire de nombreux lecteurs...

95 - Recette en sonnet brouillé[56].

Une œuvre culinaire est parfois difficile
N'est pas danseur qui veut ; ni l'épaisseur gracile.

Or il arrive à chacun que pour se nourrir,
En lourde et pesante invention l'on aille souffrir...
Une solution s'offre à nous, assez facile,
Facile enfin si l'on accepte d'être agile.

Accourez à la ferme acquérir un œuf frais

L'important est qu'il soit pondu récemment
Au retour attention bondissez prudemment.

Casser un œuf c'est sot, on en est pour ses frais.
Or pour ce merveilleux mets il doit être entier.
Quel que soit la route ou le périlleux sentier,
Un œuf à la coque est cuit dedans sa coquille,
En l'eau bouillante trois minutes ! bon app'tit[57] !

---

[56] Recette personnelle dans laquelle nous avons mis tout ce qui nous semble essentiel à sa réussite. Toute la poésie du monde ne suffirait cependant pas à résumer ce « je ne sais quoi » irremplaçable qu'il aurait sans doute fallu ajouter. À chacun de l'adapter à ses goûts et ses besoins pour que ce mets culinaire soit aussi savoureux qu'il le mérite.

[57] « Bon app'tit » : Expression signifiant « Bon appétit », fréquemment utilisée dans la vie courante, afin de compléter un ennéasyllabe dans l'objectif de le transformer en alexandrin.

96 – Ils sont partout les ragondins

Mais ils sont partout les ragondins !
Le forgeron frappe sur l'enclume
Le mousquetaire arbore sa plume.
La foule affolée par un gandin,

S'enfuit en assaillant l'élégant[58].
Mais le forgeron sur son enclume
Et le mousquetaire avec sa plume
Demeurent là héroïquement.

Ils ont décampé les ragondins!
Syncope en un soupir le gandin,
Ténor dandy triturant son luth.

Mais voici qu'en une anacoluthe,
D'un coup de plume, le mousquetaire,
Avait projeté l'enclume en l'air[59].

---

58 L'élégant peut être le forgeron, le mousquetaire ou le gandin. Selon que l'on adoptera tel ou tel point de vue, la signification entière de ce sonnet s'en trouvera modifiée.
59 Flanquant la trouille aux ragondins.

97 - Lundi 1er Janvier 2018

Flic floc flic floc rythmes sans suite
Pourquoi le temps prend-il la fuite?
Carmen siffle à sa suite, ensuite...
Surgit janvier deux-mil-dix-huit.

Il siffle il souffle, il vente il pleut,
Ne pouvait-il pas trouver mieux
Que ce temps de lundi pluvieux?
Choisir un jour plus merveilleux?

Pourquoi le temps prend-t-il la fuite?
Flic flac métronome sans suite
Il se vante d'être plus vieux...

Flic flac flic flac deux-mil-dix-huit
Flic flac floc et que dire ensuite?
L'un dit: pluvieux? C'est merveilleux...

98 - Deux cent sots...

Deux cent sots (nés dans le haut vide)
D'une montagne rocailleuse,
Soudain pris de lourdeurs railleuses,
Jusque dans la plaine liquide,

Dévalèrent d'un pas rapide.
Ils ne connaissaient ni la brasse,
Ni le crawl... il n'y avait trace
Aucune en haut de leur haut vide

Du plus petit maître nageur.
Tout au fond jusqu'au bout rageurs,
En s'agitant ils se noyèrent.

Mais heureusement s'employèrent,
À les tirer de cette eau vide,
Deux sansonnets vers leur Ovide[60].

---

[60] Lire Ovide permet parfois d'échapper à la vacuité de l'existence...

99 - Ces trucs-là

On n'écrit pas ces trucs-là dans Paris,
On les concocte au soleil en province,
Pour des bouquins de papier pas trop mince
Qu'on rangera pour la joie des souris.

Ces machins-là sont dénommés : sonnets.
Peut-être ne sont-ils pas des poèmes
Mais ce ne sont pas des radis quand même !
Ils sont enracinés dans l'alphabet...

Ils résonnent sur d'anciennes lectures,
Détours flâneurs sous de vastes toitures,
De nos bibliothèques fastueuses.

Griffonnés sur un rythme trépidant,
Je les ai publiés en attendant
Une écriture plus aventureuse...

100 - Il vient le dernier

Il vient le dernier mais il est sage.
Ses plumes gonflent les oreillers,
Car sa rime éveille l'ensommeillé
Son chant compte plus que son plumage.

Dans l'ombre que la lune irisait,
Dans un bref silence que rasaient
Les chauves-souris qui s'amusaient
Du cri qu'un hibou harmonisait,

Dans la nuit vous nous impressionniez.
À l'aube, à l'île des bananiers,
Sansonnet aux sirènes s'arrime.

Tous vous vouliez arriver premiers.
Sage il prend son temps l'ensoleillé,
Cent sonnets oscillent, règne sa rime...

Postface en forme de digressions
sur diverses invitations à...

Nous sommes tous constitués par notre langue, notre langage, nos conversations, nos discussions, nos amitiés et nos incompréhensions, nos rires, nos sourires et nos tristesses, nos regrets, nos joies, nos lectures. Nos passions et nos amours. Nos bonheurs simples aussi, des parfums d'enfances qui nous reviennent : le jeu, les jeux, le rythme, la musique et la danse. Nous aimons jouer avec les sons et les mots, autant que nous sommes joués par eux. Une immense partie de notre vie se déroule dans et par la langue, par ses bonheurs et par ses pièges, par ses clartés et ses obscurités, par ses ambiguïtés ou son humour, dans le bruit ou le silence. Nous nous animons dans la fièvre des débats, dans le silence des infinis plaisirs de la lecture, dans l'océan (parfois) tumultueux de cette immense forêt de livres écrits par des auteurs tellement talentueux que l'on ose à peine ajouter de nouveaux imprimés à une telle jungle, foisonnante de tant de richesses.

Ce petit livre n'est qu'une étape dans un long voyage. Un bivouac sur le bord du sentier, en forme d'hommage modeste à tant de jardins si bien cultivés par d'autres... Une sorte de repas champêtre que j'ai eu envie de partager avec toi. J'espère qu'après avoir pris le temps de vagabonder dans les pages de ce petit livre, tu trouveras matière à reprendre ta route avec de nouvelles ressources, de nouvelles forces, de nouveaux désirs, de nouvelles envies de lectures.

J'ai décidé de publier ces sonnets pour te donner de nouvelles raisons de cultiver ton appétit de découvertes. J'ai voulu te donner encore plus de raisons d'entamer d'autres lectures, d'autres réflexions, d'autres rêveries. J'ai voulu te donner envie de te lancer dans de nouvelles expéditions, de nouvelles danses du regard et de l'imagination ; pour t'offrir mille raisons d'ouvrir encore davantage tes yeux et tes oreilles à tant de spectacles qui s'offrent à toi dans la lecture d'un paysage ou dans les phrases d'un merveilleux auteur. Quelques-uns de ces sonnets sont des invitations à te plonger dans Ovide ou Homère. Ils le sont sous la forme d'hommages admiratifs, espiègles et un brin moqueurs peut-être... Ce sourire rieur n'est-il pas celui qui souvent rend plus belles les affections durables ?

    Ces cent sonnets sont une suite à mon recueil *Sansonnets un cygne à l'envers*. Il n'est donc pas inutile que j'ajoute quelques mots sur les raisons qui m'ont invité à publier ce nouveau recueil (une esquisse d'explication qui n'épuise pas le sujet mais se contente d'en explorer quelques aspects en complétant ce que j'ai déjà écrit dans la postface du premier recueil). J'avais développé quelques arguments dans cette postface. Je n'y reviens pas. Ce que j'avais alors écrit est également valable pour le présent livre. Ces sonnets sont des invitations à l'écriture autant qu'à la lecture. Certains d'entre eux ont d'ailleurs déjà été exploités.

    Deux d'entre eux sont à la source de la nouvelle « *Plume rebelle* » que j'ai confié au recueil « *Il était une plume* » publié par l'association « *Les plumes indépendantes* »[61]. Un autre est à l'origine de « *La Princesse Élodie de Zèbrazur et Augustin le chien qui faisait n'importe quoi* » (j'ai déjà signalé cela en note en bas de page). Ces sonnets suivant le programme que j'avais déjà annoncé sont des esquisses de livres à venir...

    Je suis animateur d'atelier d'écriture. Ce livre est

---

61 *Il était une plume...* 14 nouvelles 14 auteurs publiés par l'association « Les plumes indépendante » (Captieux, 2018).

influencé par ma pratique. Il est aussi une matière à réflexion sur les « échafaudages d'écriture ». Il témoigne de mon inlassable recherche de « jeux » et de « machines à écrire », ceux que je partage avec les participants des ateliers que j'anime afin de libérer l'écriture (dans la détente, le sourire mais sans méconnaître les enjeux de l'écriture qui sont aussi multiples et variés que les personnes humaines sont singulières). J'espère en publiant ce livre te donner à toi aussi quelques raisons de venir partager dans l'un des groupes que j'anime ces plaisirs de « créations scripturaires ».

    Je n'ai toutefois pas publié ce livre comme un « manuel ou une méthode ». Je suis un sceptique de la « recette d'écriture » (c'est ce scepticisme qui m'a conduit par exemple à écrire le sonnet n° 20 : « Recette dérisoire »). Ce recueil est simplement un partage d'expériences et d'explorations d'écriture. Ce type d'expériences on peut les partager dans l'écriture en groupe, sous forme d'ébauches. L'écriture solitaire et travailleuse, batailleuse même parfois, devant son clavier d'ordinateur ou devant un cahier et un tas de papiers vient compléter ces expériences. Les textes présentés ici sont plus aboutis que ceux d'un atelier d'écriture mais ils ont quelque chose de la vivacité et de la saveur d'enthousiasme qui y règne. Certains de ces sonnets sont nés de l'écriture en groupe, ils ont été ensuite retravaillés, démantibulés, recoupés ou longuement rabotés jusqu'à ce qu'ils me conviennent. Ne me demande pas quelle méthode j'ai suivi pour les écrire. Aucun d'entre eux n'a été élaboré avec la même procédure. Certains ont été écrits très rapidement, d'autres très lentement. Chacun est unique, même si quelques-uns forment séries. Ils forment comme un carnet de croquis, une sorte de réserve pour d'autres textes à venir.

    Tu auras sans doute pu détecter quelques thèmes qui les réunissent ; des thèmes qui me tiennent à cœur, d'autres qui m'amusent : la création littéraire, la musique, la légèreté, la pesanteur, la navigation, les oiseaux, les sirènes... Le sourire y est en général présent. Je n'ai cependant pas voulu éviter les aspects plus sombres de l'existence : la vie, la mort, la tristesse, les détresses humaines, l'écologie...

    Deux sonnets rendent hommage à ce grand continent qu'est l'Afrique : « Effaënntéha » (n° 30) et « L'Amazone de Ouagadougou » (n°29). Celui-ci est né d'une image aperçue, une scène filmée dans une rue de la capitale du Burkina Faso, l'autre un hommage à la Guinée pour les soixante ans de son indépendance (2 Octobre 1958)... Ces deux sonnets se veulent une invitation à mieux écouter l'Afrique, une invitation à entendre ces arpèges de koras qui courent de la Guinée Conakry jusqu'au Cameroun en passant par le Mali, le Bénin, la Côte d'Ivoire, le Congo... Nous sommes 275 millions de francophones à partager une langue commune, répartis sur tous les continents et notamment en Afrique. La langue de la kora est moins connue que le langue française : un instrument de musique aristocrate et discret qui déplace plus de montagnes que bien des mécaniques humaines, une ouverture sur les récits des cultures africaines du passé, du présent et de l'avenir. Aujourd'hui, on trouve des auditeurs de kora ailleurs qu'en Afrique (j'en suis un). Les significations de ces deux sonnets sont évidemment multiples et ouvertes à toutes les interprétations, les tiennes et celles d'autrui. Elles sont un hommage. Elles attendent d'autres paroles, de multiples écoutes, des compréhensions à venir, des amitiés à cultiver, un monde à faire évoluer.

    On pourrait dire que le sonnet est à la littérature ce que la kora est à la musique. Une forme simple à l'apparence frêle, mais qui par sa modestie provoque de larges potentialités de développement des imaginations. Le sonnet a une longue histoire derrière lui, son avenir (quoique non prévisible) est probablement infini.

Théodore de Banville dans son *Petit traité de poésie française*, publié en 1883 consacre quelques lignes à cette forme littéraire : « *Le Sonnet demanderait toute une histoire et toute une monographie. Il les a eues d'ailleurs et on les trouvera sans peine. Je n'en dirai, moi, que quelques mots, pour ne pas aborder une question inépuisable. Le Sonnet peut commencer par un vers féminin ou par un vers masculin. Le Sonnet peut être écrit en vers de toutes les mesures. Le Sonnet peut être régulier ou irrégulier. Les formes du Sonnet irrégulier sont innombrables et comportent toutes les combinaisons possibles.* » « *est toujours composé de deux quatrains et de deux tercets [...] La forme du Sonnet est magnifique, prodigieusement belle, — et cependant infirme en quelque sorte; car les tercets, qui à eux deux forment six vers, étant d'une part physiquement plus courts que les quatrains, qui à eux deux forment huit vers, — et d'autre part semblant infiniment plus courts que les quatrains, — à cause de ce qu'il y a d'allègre et de rapide dans le tercet et de pompeux et de lent dans le quatrain; — le Sonnet ressemble à une figure dont le buste serait trop long et dont les jambes seraient trop grêles et trop courtes. Je dis ressemble, et je vais au-de là de ma pensée. Il faut dire que le Sonnet ressemblerait à une telle figure, si l'artifice du poëte n'y mettait bon ordre.* »[62]

Je ne suis, pour ma part, pas du tout un artificier... Je ne m'y connais pas en explosifs. Je ne suis pas non plus certain que les sonnets de *Sansonnets aux sirènes s'arriment* appartiennent tous à la poésie au sens où l'entendait Théodore de Banville. Pour lui, celle-ci devait jaillir du geste du poète,

---

62 Théodore de Banville (1823-1891) *Petit traité de poésie française.* Editions G. Charpentier (Paris) 1883 pages 194 et suivantes.

comme un feu d'artifice avec une certaine immédiateté : « *Le mot Poésie, vient du verbe poein, faire, fabriquer, façonner; un Poëme, est donc ce qui est fait et qui par conséquent n'est plus à faire; — c'est-à-dire une composition dont l'expression soit si absolue, si parfaite et si définitive qu'on n'y puisse faire aucun changement, quel qu'il soit, sans la rendre moins bonne et sans en atténuer le sens. Boileau a donné, entre autres, un précepte absurde, lorsqu'il a dit :*

« Vingt fois sur le métier remettez votre ouvrage »
Car si un chant a jailli tout d'abord de l'esprit du poëte en réunissant toutes les conditions de la poésie, il est tout à fait inutile que le poëte le remette sur le métier, — par parenthèse, quel est ce métier? — et refasse sur le même sujet vingt autres chants, qui ne vaudront pas le premier. Quand l'homme a fait un poëme digne de ce nom, il a créé une chose immortelle, immuable, supérieure à lui-même, car elle est tout entière divine, et qu'il n'a ni le devoir, ni même le droit, de remettre sur aucun métier »[63]

Aucun de mes sonnets n'est à mes yeux *immortel, immuable et supérieur*. Ils ne sont qu'un état d'écriture, dans un « travail en progrès ». J'ai voulu continuer mes expériences, mes explorations sur cette forme littéraire constituée de deux quatrains précédant deux tercets, avec des vers se terminant par des rimes. Il me semble que je pourrais éternellement les réécrire. En les publiant j'arrête provisoirement cette réécriture et je te les abandonne, chère lectrice, cher lecteur, pour que tu en fasses ce que tu veux. Je me suis parfois efforcé de faire s'embrasser les rimes féminines et masculines mais je n'ai pas érigé cette loi en impératif. Je me suis juste servi de la rime pour explorer une petite musique. J'ai testé mes textes à voix

---

[63] Théodore de Banville (1823-1891) *Petit traité de poésie française*, Editions G. Charpentier (Paris) 1883 **page 7**

haute avant de décider de les abandonner tels qu'ils sont... Boileau remettait son ouvrage vingt fois sur le métier, je suis beaucoup moins doué et je pourrais me laisser aller à modifier cent fois mon texte initial (parfois en décidant de revenir à la première version qui quoique me laissant insatisfait reste la meilleure de toutes celles que j'aurai tenté de faire sonner). J'ai essayé de jouer au « rimeur » au sens où l'entendaient de doctes auteurs de la fin du XIXe siècle . Je n'ai pas cherché à être à tout prix un poète :

« *Un grand poète est un homme qui pense bien et qui rime juste ; chez qui la rime et la pensée vont de pair, en se prêtant secours et force. Mais être un rimeur tout court, ce n'est pas un titre ; c'est à peine une fonction dans la république des lettres. Appeler quelqu'un rimeur, cela équivaut à dire qu'il est, dans ce pays-là, le dernier des hommes ; qu'il vient immédiatement au-dessous ou à côté de l'individu qui cheville. Au surplus, l'infortuné qui rime très mal, cheville ordinairement très bien.* »[64]

Je me suis amusé à rimer, en observant ensuite comment tout cela se chevillait, car je n'ai pas encore travaillé la méthode du « bien cheviller ». Je n'ai trouvé nulle part un traité qui se serait intitulé « *De la cheville française : ses origines, son histoire, sa nature, ses lois, ses caprices* » alors qu'il existe un tel traité pour la rime (celui que je viens de citer ci-dessus). Rimer est un surprenant travail. Nombreux sont les auteurs qui l'ont évoqué.

Dans ma jeunesse j'avais lu avec enthousiasme le <u>Capitaine Fracasse</u> de Théophile Gautier. C'est la raison pour laquelle j'ai eu l'idée du sonnet n° 94 : « *Il a suffit d'un tas de*

---

[64] Victor Delaporte (1846-1910) <u>De la rime française : ses origines, son histoire, sa nature, ses lois, ses caprices,</u> Desclée de Brouwer et Cie Lille 1898 (pages 12 et 13)

pierres ». Ces lignes évoquent ce souvenir de lecture. Elles sont une invitation à lire ou relire ce grand roman que Théophile Gautier avant mis près de vingt-huit ans à publier. La lenteur d'écriture autant que la recherche de la rime me passionnent...

C'est moins dans ce sonnet n°94 que tout le long de ce recueil que j'ai cherché à suivre certains des conseils de Théophile Gautier. Dans son <u>Histoire du romantisme</u> il érigeait la recherche de la rime comme un art de vivre : « *Il faut rester accoudé à son pupitre et attendre que de l'essaim confus des rimes une se détache et vienne se poser au bord de l'écritoire, ou bien il faut se lever et poursuivre dans les bois ou par les rues la pensée qui se dérobe Les vers se font de rêverie, de temps et de hasard ... »*[65]

« *Les esprits qu'on est convenu d'appeler pratiques, peuvent mépriser ces rêveurs qui cherchent tout un jour la quatrième rime d'un sonnet* [66]. » L'esprit poétique ne s'oppose pas nécessairement à l'esprit pratique. À rechercher avec opiniâtreté les rimes qui tomberont juste (dans un sonnet ou ailleurs) on finit par rejoindre le travail des esprits pratiques. En construisant des textes à partir de la rime on se confronte à des problèmes d'architecture. Certains me diront que la rime n'a plus lieu d'être et que les progrès de la littérature l'ont rendue désuète. Les bons auteurs n'ont pas toujours pensé ainsi. Dans <u>De l'Allemagne</u> (tome 1) Madame de Staël écrit : « *C'est une découverte moderne que la rime. Elle tient à tout l'ensemble de nos beaux-arts ; et ce serait s'interdire de grands effets que d'y renoncer. Elle est image de l'espérance et du souvenir »*[67]

Peut-on vivre, peut-on écrire sans l'image de l'espérance

---

[65] Théophile Gautier, <u>Histoire du romantisme,</u> p. 155
[66] Théophile Gautier, <u>Histoire du romantisme</u>, 3e édit., p. 359.
[67] **Madame de Staël** <u>De l'Allemagne</u>, t. I, p. 259

et du souvenir ? Théodore de Banville ajoutait que *« L'imagination de la rime est la qualité qui constitue le poète ... »*[68]

Je ne sais pas si Théodore de Banville aurait encore raison aujourd'hui et il est clair que le fait de rimer est en réalité beaucoup moins moderne que ne le prétendait Madame de Staël.

Depuis quand rime-t-on ? D'où vient cette envie de rimer ? Dans sa « <u>Défense et illustration de la langue française</u> » (1549) Joachim Du Bellay lui consacre déjà de longs développements et il est intéressant de noter le sens qu'il mettait sur ces mots. En prenant le temps de bien le lire on s'aperçoit que l'action de « rimer » est plus complexe qu'il n'y paraît au premier abord (une activité difficile à définir mais un art qui serait totalement enraciné dans l'histoire de France assure-t-il un peu imprudemment) : « *Tout ce qui tombe sous quelque mesure et jugement de l'oreille (dit Cicéron) en latin s'appelle numerus et en Grec rhuthmos, non point seulement au vers mais à l'oraison. Par quoi improprement nos anciens ont astreint le nom du genre, sous l'espèce, appelant rime cette consonance de syllabe à la fin des vers qui devrait plutôt se nommer homoiotéléutos, finissant de même, l'une des espèces du rythme. Ainsi les vers encore qu'ils ne finissent point en un même son, généralement se peuvent appeler rime : d'autant que la signification du mot rythmos est fort ample, et emporte beaucoup d'autres termes comme [...] mesure, mélodieuse, connaissance de voix, consécution, ordre et comparaison. Or quant à l'antiquité de ces vers que nous appelons rimés et que les autres vulgaires ont empruntés de nous, ils sont si on ajoute foi à Jean Le Maire de Belges, diligent rechercheur de*

---

68 Théodore de Banville (1823-1891) <u>Petit traité de poésie française.</u> Editions G. Charpentier (Paris) 1883 page 47.

l'antiquité, Bardus V, roi des gaulois en fut inventeur : et introduisit une secte de poètes, nommés bardes, lesquels chantaient mélodieusement leurs rimes, avec instruments, louant les uns et blâmant les autres et étaient (comme témoigne Diodore Sicilien en son sixième livre) de si grande estime entre les Gaulois qu si deux armées ennemies étaient prêtes à combattre, et lesdits poètes se missent entre eux, la bataille cessait, et modérait son ire. »[69] Cette légende de la création de la poésie par Bardus V est malheureusement fausse. Elle est en réalité une invention de Jean Lemaire des Belges (reprise par Joachim du Bellay).

Dans son histoire de la rime, Victor Delaporte, avec l'assurance des savants du XIXe siècle, fait un sort à cette légende du XVe siècle : « *Les plus avisés, parmi les historiens de la rime, écrivaient bonnement : L'origine de la rime se perd dans la nuit des âges ; tout ainsi que les géographes disaient du Nil: Le Nil prend sa source dans les Montagnes de la Lune. D'autres s'efforçaient de préciser. Jean Le Maire de Belges narrait, vers la fin du XVe siècle, en ses Illustrations de Gaule Belgique, que l'invention de la rime était due au roi Bardus, lequel vécut sept cents ans avant la guerre de Troie, fut bisaïeul de Jupiter, et sixième successeur de Noé, surnommé Janus. Ce Bardus eut aussi l'honneur de régner au pays des Gaules; et, de lui, les chantres des héros Celtes se sont appelés Bardes. Voyez comme l'histoire se simplifie ! Ainsi, quelque dix ou onze siècles avant Homère, un de nos ancêtres couronnés se serait diverti à jeter aux échos de nos grands bois des syllabes pareilles et mesurées ; Jean Le Maire de Belges ne nous dit pas en quelle langue. Quel dommage aussi que ce Bardus V*

---

[69] Joachim Du Bellay, L*a Défense et illustration de la langue française* (1549) Partie 2 Chapitre VIII *De ce mot rimé, de l'invention des vers rimés, et de quelques autres antiquités suscitées*

n'ait pas écrit ses mémoires ! et quel dommage que l'histoire des Gaules commence, hélas ! bien vague encore, douze cents ans après la chute de cette heureuse dynastie des Bardus ! »[70]

Contrairement à ce que croyait Joachim Du Bellay, le premier défenseur de la langue française[71], la rime n'est donc pas née chez nos ancêtres les gaulois. Elle nous vient d'ailleurs et sans doute de plus loin...

Faire vivre la langue, cultiver la littérature, en puisant aux sources étrangères (chez les Grecs et les Romains) c'est d'ailleurs ce à quoi nous invitait dans « La défense et illustration de la langue française » : « *Lis dons et relis premièrement, ô poète futur, feuillette de main nocturne et journelle les exemplaires Grecs et Latins ; puis me laisse toutes ces vieilles poésies françaises aux Jeux Floraux de Toulouse et au Puy de Rouen : comme rondeaux, ballades, virelais, chants royaux, chansons et autres telles épiceries, qui corrompent le goût de notre langue, et ne servent sinon à porter témoignage de notre ignorance. Jette-toi à ces plaisants épigrammes, non point comme font aujourd'hui un tas de faiseurs de contes nouveaux, qui en un dizain sont contents de n'avoir rien dit qui vaille aux neuf premiers vers, pourvu qu'au dixième, il y ait le petit mot pour rire [...] Distille avec un style coulant et non scabreux ces pitoyables élégies, à l'exemple d'un Ovide, d'un Tibulle et d'un Properce, en entremêlant quelquefois de ces fables anciennes, non petit ornement de*

---

70 Victor Delaporte (1846-1910) <u>De la rime française : ses origines, son histoire, sa nature, ses lois, ses caprices</u>, Desclée de Brouwer et Cie Lille 1898 (pages 21 et 22)

71 Contre quoi faut-il défendre la langue française ? Est-ce contre sa propre vitalité ? Elle est aujourd'hui parlée par près de 275 millions de francophones à travers le monde. 275 millions de poètes potentiels qui ne manquent certainement pas d'imagination pour expliquer ce qu'est leur poésie.

poésie. Chante-moi ces odes inconnues encore de la muse française, d'un luth bien accordé au son de la lyre grecque et romaine : et qu'il n'y ait vers où n'apparaisse quelque vestige de rare et antique érudition. »

Il se trouve (est-ce de ma faute ?) que j'ai écrit mes sonnets à Rouen, la ville du Puy que Du Bellay invite à éviter... Ne pouvant pas compter sur cet illustre ancêtre pour t'inviter à me lire, j'ai donc semé dans mes sonnets (pour essayer de me rattraper) des allusions à Ovide et à Homère, espérant par là attirer l'attention du public des valeureux et exigeants « défenseurs de la langue française » qui connaissent (parfois) mieux les langues grecque et latine que leur propre langue.

J'ai également souhaité par ces allusions t'inviter, toi qui comprends parfaitement le français, à aller voir du côté de ces langues (que l'on dit mortes alors qu'elles sont si vivantes si l'on prend le temps de s'attarder à leur truculence). Les relectures d'Ovide et d'Homère sont toujours à venir, j'ai voulu inviter à cet avenir de lecture.

Avoir un chat, rusé comme Ulysse, pour compagnon aide à collectionner les plumes et cela contribue grandement à favoriser l'écriture. Homère n'a pas écrit l'*Iliade* et l'*Odyssée* pour rien. Il en reste encore quelque chose dans la vie des écriveurs d'aujourd'hui : la preuve ? Ce livre que vous avez entre les mains (voir les sonnets 6, 7, 8 et 9). Ovide n'a pas écrit ses *Métamorphoses* pour rien : la preuve ? Les sonnets n° 1, 2, 3, 4, 5 et d'autres encore... Je ne saurais que trop te conseiller de lire et relire l'*Iliade* et l'*Odyssée* d'Homère ainsi que *Les Métamorphoses* d'Ovide[72]. On y trouve un inépuisable réservoir d'imagination. Contrairement à d'autres sources d'énergie, l'imagination ne s'épuise pas lorsqu'on l'appelle à

---

72 « Les éditions de l'Ogre » ont publié en 2017 une excellente traduction des *Métamorphoses* d'Ovide par Marie Cosnay.

l'aide. Elle est présente à tes côtés dès que tu ouvres un livre, ne l'empêche pas d'éclairer ta lecture par ses inventions inattendues, c'est peut-être grâce à elle que ton sommeil se peuplera de rêves merveilleux.

En décidant d'écrire ces sonnets (« *Sonnets, sonnets toujours, clairons de la pensée...* »[73]) j'ai voulu aussi répondre à une autre injonction de Joachim Du Bellay, celle qui invite à innover en langue française après avoir voyagé en Italie, en langue italienne :« *Sonne-moi ces beaux sonnets, non moins docte que plaisante invention italienne, conforme de nom à l'ode, et différente d'elle seulement pource que le sonnet à certains vers réglés et limités, et l'ode peut courir par toutes les manières de vers librement, voire en inventer à plaisir, à l'exemple d'Horace, qui a chanté en dix-neuf sortes de vers, comme disent les grammairiens. Pour le sonnet donc tu as Pétrarque et quelques modernes Italiens.* »[74]

Depuis Pétrarque (1304-1374) bien d'autres auteurs se sont attachés à inventer de nouveaux sonnets en en renouvelant les structures. Pour approfondir l'écriture du sonnet, il faut, outre les auteurs italiens, lire les auteurs anglais. Par exemple Edmund Spenser (1552-1599) qui a écrit des sonnets adressés en 1594 à Elizabeth Boyle qui allait devenir sa femme. On considère que ces sonnets ont été fortement influencés par le style de Joachim du Bellay. Écrire et lire en bon français, pouvait donc conduire à améliorer la langue anglaise. Ecrire des sonnets en anglais peut également inviter à d'audacieuses

---

73 Paraphrase du titre d'un poème de Victor Hugo « *Sonnez, sonnez toujours clairons de la pensée...* » qui évoque Josué détruisant les murs de Jéricho par le son de ses trompettes.
74 Joachim Du Bellay, <u>*Défense et illustration de la langue française*</u>, deuxième partie chapitre IV

innovations de structure en français.

William Shakespeare (1564-1616) écrivait en anglais des sonnets constitués de trois quatrains (trois strophes de quatre vers) et un distique (une strophe de deux vers) avec la répartition de rimes : « abab efef gg »[75] C'est en songeant à cette innovation Shakespearienne que j'ai risqué la forme audacieuse du sonnet n° 95 (« _Recette en forme de sonnet brouillé_ »).

L'exploration de la forme sonnet à laquelle je me suis livré est sans doute plus une expérience d'écriture qu'une quête de poésie. J'ai voulu explorer les effets d'une versification à peu près classiques sur ma propre écriture. Je ne perds pas de vue l'avertissement adressé par Henri Meschonnic aux « défenseurs » de la langue française :

« _Conservatoire de l'e muet, mobilisation de la rime en démarcatif terminal dans la rime généralisée du langage avec lui-même, le vers classique fait partie du son de la langue. Certains aujourd'hui ne voient dans un poème que les vers. Mais les vers sont inséparables de tout ce qu'on leur fait dire. Ils sont dans le poème. Le poème n'est pas dans les vers._ »[76]

Le sonnet m'intéresse par ce qu'il peut faire naître par la contrainte qu'il impose et les jeux que ces contraintes peuvent susciter.

Depuis l'invention de la forme sonnet, il s'est trouvé un nombre considérable d'auteurs pour l'associer à des structures fort diverses et audacieuses (en faire l'inventaire exhaustif serait impossible ici, on se contentera donc d'un exemple). En 1620, le poète français Salomon Certon a ainsi publié un

---

75 Article _sonnet_ in _Encyclopédie Universalis_
76 Henri Meschonnic, _De la langue française : Essai sur une clarté obscure, Hachette collection pluriel (2001)_

recueil intitulé *Vers leipogrammes et autres œuvres en poésie*[77] comprenant soixante-six sonnets constitué chacun par un leipogramme (ou lipogramme) sur une lettre de l'alphabet. C'est à dire que chacun de ces soixante-six sonnets est composé en omettant volontairement tous les mots qui comprennent l'une des lettres de l'alphabet. Selon le Littré un lipogramme est l' « ouvrage dans lequel on affecte de ne pas faire entrer une lettre particulière de l'alphabet » et selon le dictionnaire Larousse il s'agit d'une « Oeuvre littéraire dans laquelle on s'astreint à ne pas faire entrer une ou plusieurs lettres de l'alphabet. »[78]

En 1620, date à laquelle Salomon Certon a publié ses sonnets, l'alphabet utilisé par la langue française ne contenait que 23 lettres (le « i » et le « j » se confondaient en un seul caractère, « v » et le « u » ne formaient qu'une seule lettre et le « w » n'existait pas). Salomon Certon a donc publié trois séries de sonnets lipogrammatiques en faisant trois fois le tour de l'alphabet. Chaque sonnet exclut une lettre de l'alphabet dont il porte le nom en titre. « A » est un lipogramme en « A » : il ne contient aucun « A »). Cet ouvrage contient donc trois sonnets « A » (lipogrammes dépourvus de « A ») trois sonnets « B » (lipogrammes dépourvus de « B »), etc.

Le troisième sonnet « O » (lipogramme dépourvu de « O ») de cet ouvrage est ainsi rédigé :

---

[77] Salomon Certon, *Vers leipogrammes et autres œuvres en poésie de S.C.D.R.* Imprimé à Sedan en 1620 par Jean Jannon. C'est à Georges Perec que l'on doit la nouvelle notoriété de Salomon Certon au XXe siècle. Notons cependant que malgré l'intervention de Georges Perec, aucun éditeur n'a aujourd'hui réédité Salomon Certon qui reste un auteur à découvrir.

[78] Voir Georges Perec (né le 7 mars 1936 à Paris, mort le 3 mars 1982 à Ivry-sur-Seine) *Histoire du lipogramme* (in Oulipo *La littérature potentielle*, Folio Essais 1988)

« O »[79]

« Ramez, ramez enfans, entamez à puissance
Ce muable élément tandis qu'avez beau temps
Sans cesse il n'est pas tel ; ramez, ramez enfants,
De peur que derechef Eurus le bat ne tanse.

Il faut gagner la ville avant que Titan lance
Dans le sein de Tethis ses chevaux haletants
D'être la nuit sur mer, c'est maigre passetemps
A ceux qui prenent d'elle à midi défiance.

Ramez, ramez enfants ; ha que le temps est beau
Et le vent à plaisir enlevant le bateau
Sans qu'il râcle en allant la plaine se me semble

C'est le pair des enfants que Lede eut de Jupin[80]*,*
Qui recevant à gré mes vers sur ce sapin
Et l'heur et le beau temps suffisamment assemble. »

J'imagine que tu es comme moi émerveillé par les

---

[79] Salomon Certon, <u>Vers leipogrammes et autres œuvres en poésie</u> page 42 (lipogramme en « O » du troisième alphabet
[80] « Le pair des enfants que Lede eut de Jupin » probablement la paire des enfants que Léda eut de Jupin : les dieux dioscures Castor et Pollux (protecteurs des marins) les fils jumeaux de Leda à qui Jupiter (Jupin) déguisé en cygne avait fait à Léda. Salomon Certon simplifie. En réalité Jupiter était le père d'Hélène et Pollux (nés dans un œuf) Clytemnestre et Castor étaient enfants de Tyndare l'époux de Léda.

riches résonances de ce sonnet. Evoquant Jupiter (Jupin) déguisé en cygne, Salomon Certon a certainement composé ce texte pour rendre hommage (par anticipation) à <u>Sansonnets un cygne à l'envers</u>. C'était une première raison de le reproduire ici.

Il y en avait d'autres : ce sonnet de Certon, vidé de son « O » a été pour moi une pétillante et fructueuse source d'inspiration pour les premiers sonnets de ce recueil écrit autour du « O » vide... Il a également été un inspirateur a contrario pour la rédaction du sonnet n° 93 <u>Quand on écoute un ragondin</u> le ragondin étant un myocastor (presque un castor d'un point de vue poétique est une sorte d'allusion aux dieux dioscures). J'en profite pour souligner une remarque qu'il faut faire : il convient d'insister sur l'exploit littéraire de Salomon Certon qui a réussi ce tour de force d'évoquer Castor et Pollux dans un sonnet lipogrammatique dépourvu de « O » !

Plusieurs sonnets de ce recueil sont des lipogrammes. Le sonnet n° 2 (« Dans le haut vide ») est un lipogramme dépourvu de « j », de « k », de « w » et de « z ». Le sonnet n° 3 (« O » vide ») est un lipogramme sans aucun « j » ni « q » ni « w » ni « z ». On peut évidemment y voir une illustration de la persistance contemporaine du style lipogrammatique de Salomon Certon[81]

Dans <u>Sansonnets un cygne à l'envers</u> j'avais rédigé un sonnet intitulé « Lipo lapin »[82] en m'imposant comme

---

81 Il est assez fréquent de constater que des sonnets peuvent être des lipogrammes notamment concernant certaines lettres qui sont plus rares que d'autres. C'est un résultat qui peut avoir été obtenu sans avoir été recherché avec la même âpreté méthodique que celle de Salomon Certon l'inventeur du sonnet lipogrammatique.

82 Pierre Thiry, <u>Sansonnets un cygne à l'envers</u> BoD 2015 (« Lipo lapin n'aime pas les oeufs » sonnet n° 30)

contrainte d'écriture qu'il soit entièrement dépourvu de « e » (il se trouve que ce sonnet est également dépourvu de « j » de « q » de « x » mais c'est un résultat que je n'avais pas particulièrement recherché. Certains lipogrammes sont donc recherchés volontairement, d'autres arrivent sans qu'on les cherche. Les historiens de la littérature qui étudient l'évolution du lipogramme doivent tenir compte de cette difficulté à déceler les intentions lipogrammatiques d'un auteur (pas toujours vérifiables par des procédés scientifiques).

En rédigeant ces sonnets je me suis aussi donné d'autres contraintes que le lipogramme. Ce qui m'intéresse dans le sonnet est en effet la contrainte née des structures riches de potentialités d'écriture, il est un « ouvroir de littérature potentielle au sens où l'a définit l'Oulipo : « *Le but de la littérature potentielle est de fournir aux écrivains futurs des techniques nouvelles qui puissent réserver l'inspiration de leur affectivité. D'où la nécessité d'une certaine liberté. Il y a 9 ou 10 siècles, quand un littérateur potentiel a proposé la forme du sonnet, il a laissé, à travers certains procédés mécaniques la possibilité d'un choix.* »[83]. « *On le voit, les règles du sonnet qui sont la tarte à la crème de l'Oulipo demeurent l'exemple parfait de nos visées.* »[84]

Par la contrainte de la forme sont nées de courtes fictions, de pures inventions d'imagination, de petits croquis destinés à resservir. Certains de ses sonnets sont nés de l'envie d'écrire des acrostiches : Il y en a dix :
N° 2 — Le haut vide
N° 34 — Négligeant de chanter

---
83 François Le Lionnais cité in *La littérature potentielle, théorie et histoire* (in Oulipo *La littérature potentielle*, Folio Essais 1988)
84 Jean Lescure in *littérature potentielle, théorie et histoire,* (in Oulipo *La littérature potentielle*, Folio Essais 1988)

N° 35 — L'épopée des fruits mûrs
N° 36 — L'épopée des fruits de mer
N° 37 — La fureur de l'oiseau
N° 38 — La sirène au bougre
N° 39 — L'air du champagne
N° 40 — Cheval de...
N° 92 — Plume de canard...
N° 95 — Recette en sonnet brouillé

Ces sonnets sont également nés du choix des rimes et du choix du rythmes des vers... Il y en a des longs et des courts, des boiteux et des agiles.

Le sonnet 93 : « Quand on écoute un ragondin » est composé sur des vers de treize pieds. Ce rythme de treize a longtemps été considéré comme boiteux ? Pourquoi ? Je n'en sais rien... Treize intéressants pas valaient bien d'être comptés pour relater un naufrage.

32 sonnets sont composés sur des alexandrins (les numéros 0, 2, 6, 7, 15, 21, 23, 24, 29, 40, 48, 50, 51, 52, 53, 54, 55, 56, 57, 60, 61, 62, 75, 78, 83, 85, 86, 87, 90, 91, 92, 95).

21 sonnets sont en décasyllabes (les numéros 5, 10, 16, 17, 18, 19, 20, 22, 34, 35, 36, 37, 38, 39, 59, 66, 67, 68, 76, 84, 99).

39 sonnets sont en octosyllabes (les numéros 1, 3, 4, 12, 13, 14, 25, 26, 27, 28, 30, 31, 32, 33, 41, 42, 43, 44, 45, 46, 47, 58, 63, 65, 69, 70, 71, 72, 73, 74, 79, 80, 81, 82, 88, 89, 94, 97, 98).

6 sonnets sont en ennéasyllabes, soit des vers de neuf syllabes (les numéros 8, 9, 64, 77, 96, 100).

Deux sonnets sont composés en heptasyllabes (les numéros 11 et 49). Le carré de sept le méritait. Le numéro onze étant un nombre premier y avait aussi droit.

Bien sûr j'aurais sans doute pu écrire ces textes

autrement si j'avais réellement voulu en tirer de la poésie. Il ne suffit pas d'écrire en vers se terminant par des rimes pour accéder à ce palier littéraire particulier que l'on appelle poésie. Ces sonnets sont-ils d'ailleurs réellement des sonnets ou seulement des « images de sonnets » au sens où l'entendait Mikhaïl Bakhtine quand il évoquait Don Quichotte : « *Prenons par exemple, les sonnets parodiques par lesquels s'ouvre Don Quichotte. Si parfaitement qu'ils soient composés comme sonnets, on ne peut les rattacher à ce genre. Ici ils font partie d'un roman, mais fussent-ils indépendants, ils n'appartiendraient pas davantage au « genre sonnet ». Dans un sonnet parodique, la forme « sonnet » n'est pas celle d'un genre, mais un objet de représentation ; le sonnet est, dans le cas présent, le héros d'une parodie. Il faut que nous puissions reconnaître un sonnet dans la parodie que l'on en a fait, reconnaître sa forme, son style particulier, sa manière de voir de saisir, de juger le monde, sa conception du monde, si l'on peut dire. Une parodie peut figurer ou ridiculiser les singularités d'un sonnet bien ou mal, de manière pénétrante ou superficielle mais en tout état de cause, nous avons sous les yeux non pas un sonnet mais l'image d'un sonnet.* »[85]

    À chacun de juger comme il les entend les cent sonnets de ce livre. Tu y trouveras de véritables sonnets ou de simples « *images de sonnets* » selon la manière dont tu les liras, selon le choix que tu feras au moment de ta lecture... Images ou véritables, ils ne sont que ce qu'ils sont dans leur être, dans leur paraître et dans leurs potentialités. Plus qu'eux-mêmes ce sont les textes à venir qu'ils pourront susciter qui sont à mes yeux les plus importants. Sans doute aurais-je d'ailleurs dû faire preuve d'encore plus d'audaces d'écriture ? J'espère qu'ils

---

[85] Mikhaïl Bakhtine, <u>Esthétique et théorie du roman</u> (De la préhistoire du discours romanesque, chapitre II).

provoqueront ton esprit de lecteur critique. La critique interroge, questionne et creuse les questions. Elle ouvre les portes qui méritent de l'être, elle creuse le sens et les significations d'un discours pour lui redonner toute l'épaisseur de ses complexités. Elle travaille les possibles rejaillissements ailleurs et autrement. « *Toute poétique qui n'est pas critique, toute écriture qui n'est pas conflit est soit illusion, soit imposture. Elle passe pour vérité. Elle recrute des adhérents. Et elle produit des cadavres emplumés.* »[86] écrivait Henri Meschonnic à propos de ses lectures de Victor Hugo. Ces cent sonnets te seront, j'espère, autre chose que des oiseaux empaillés. J'aimerais bien qu'ils continuent à vivre ailleurs et autrement ainsi que j'invitais déjà à le faire dans la postface de <u>Sansonnets un cygne à l'envers</u>.

    Chacun de ces textes est voué à une autre vie dans d'autres écrits, à d'autres développements et explorations.
« *Ce livre est-il donc un fragment ? Non. Il existe à part. Il a comme on le verra, son exposition, son milieu, sa fin. Mais en même temps, il est, pour ainsi dire, la première page d'un autre livre.* »[87]

    J'aimerais beaucoup que ces cent textes te soient une invitation à écrire d'autres lignes à partir des images, des impressions, des compréhensions ou incompréhensions nées de tes lectures. J'espère aussi qu'il te sera une invitation à lire d'autres auteurs et à ouvrir d'autres livres. Il y a ceux que j'ai évoqués et il y en bien d'autres encore. J'ai voulu faire ce petit détour par le laboratoire d'écriture car lorsqu'on tire le fil d'une lecture on ne sait jamais quelle nouvelle découverte en sortira.

---

86 Henri Meschonnic (<u>Victor Hugo, pensée pour la pensée du poème aujourd'hui</u>)
87 Victor Hugo, <u>préface de la première série de La Légende des siècles</u> (1857)

Table des matières

Titres   pages

0 – Adresse au lecteur   5
1 – Ouverture   6
2 – Le haut vide   7
3 - « O » vide   8
4 – Les emplumés tourbillonnaient   9
5 – Alphabethème   10
6 – Inspiré par Ulysse   11
7 – Les plumes d'Ulysse   12
8 – Ulysse jongleur   13
9 – Les ruses d'Ulysse   14
10 – Apollon   15
11 – Comédien traqueur   16
12 – Pieuvre traqueuse   17
13 – L'oeuvre à venir   18
14 – Deux bateaux balourds   19
15 – Epopée rapiécée   20
16 – La pianiste des chiffres   21
17 – Les trois sirènes de l'hôtel   22
18 – Souvenirs de lecture   23
19 - Recette   24
20 – Recette dérisoire   25
21- Bosseur mécanique   26
22 – Lion Sunlight   27
23 – Le Festival de Cannes   28
24 – La page offre sa blancheur   29
25- La Dame à chignon   30
26 – Tandis que les bateaux   31
27– Une danseuse   32

28 – La Rentrée littéraire	33
29 – Effaënntéha	34
30 – L'amazone de Ougadougou	35
31 – S'ensauvager dans...	36
32 – Epatée par...	37
33 – Tes sonnets tintent...	38
34 – Négligeant de danser	38
35 – L'épopée des fruits mûrs	39
36 – L'épopée des fruits de mer	39
37 – La fureur de l'oiseau	42
38 – La sirène au bougre...	43
39 – L'air du champagne	44
40 – Cheval de...	45
41 – Boileau	46
42 – Va-t-il sonner	47
43 – Je colorie avec l'oreille	48
44 – Suivant l'excellent Condillac	49
45 – Elle hurlait l'air affable	50
46 – Un sonnet...	51
47 – Lorsque je n'écris pas...	52
48 – La langue française	53
49 – J'aimerais l'écrire...	54
50 – Tu vois là bas ce navire	55
51 – Cric-crac	56
52 – Tu vois là bas ces perroquets	57
53 – Le luthiste se tait	58
54 – Tu ne glisses pas...	59
55 – On a gagné ! On a gagné !	60
56 – Tel dans un port sans eau	61
57 – Rude rhétoriqueur	62
58 – Tandis que l'océan mugit	63
59 – La lambada sans stress	64

60 – Elle ondulait sur la Manche...	65
61 – Des vagues d'eau salée...	66
62 – L'ardente	67
63 – Snobes emplumées	68
64 – Rivages	69
65 – Le ciel en larmes	70
66 – Un soir gris	71
67 – La foule aimait ces airs...	72
68 – Amorphes poseurs	73
69 – En soufflant...	74
70 – Un vieux grognard	75
71 – Le beau danseur...	76
72 – La belle en dansant	77
73 – Un propriétaire en sabots...	78
74 – Déesse emplumée	79
75 – Tu ressembles à Fausto	80
76 – Il attaqua d'un coup...	81
77 – Un gredin à trogne	82
78 – Heureux qui comme Alice...	83
79 – Saut si haut sur le ré de Zozo	84
80 – Scapin écarlate	85
81 – Le petit Scapin rouge	86
82 – Élégie du glyphosate...	87
83 – Un poète hippocampe	88
84 – Les postiers mirlitons	89
85 – Silence et patience...	90
86 – Où est-il ce génie ?	91
87 – Ponctuation	92
88 – Cette noble lenteur	93
89 – Conte à venir...	94
90 – Archibald Nonanto	95
91 – Féroce Ritournelle	96

92 – Plume de canard	97
93 – Quand on écoute un ragondin...	98
94 – Il a suffi d'un tas de pierres...	99
95 – Recette en sonnet brouillé	100
96 – Ils sont partout les ragondins	101
97 – Lundi 1er janvier 2018	102
98 – Deux cent sots...	103
99 – Ces trucs-là...	104
100 – Il vient le dernier...	105
Postface en forme de digression	107
Table des matières	128

Merci infiniment à Odile Dinand d'avoir eu l'immense patience de lire et relire avec une vigilance attentive les épreuves de ce livre pour y chasser toutes les coquilles et fautes de frappes que j'avais laissées glisser par inadvertance. Si malgré ces lectures et relectures il devait en rester, j'en assume seul l'entière responsabilité, ayant pour habitude de modifier mes textes jusqu'aux dernières secondes avant l'impression. Le goût de la perfection est souvent la porte ouverte à toutes les imperfections...

© Pierre Thiry
https://pierrethiry.wordpress.com
http://charles-hockomess.e-monsite.com

Photo de couverture signée Jacques Thiry : Lahemaa (Estonie)
Site internet de Jacques Thiry (photographe)
https://jacsite.jimdo.com

Editions : BoD – Books on Demand
12/14 rond point des Champs-Elysées 75008 Paris
Impression : Books on Demand, Norderstedt, Allemagne

ISBN : 9782322163052

Dépôt légal octobre 2018